Paul Lindau

Nüchterne Briefe aus Bayreuth

Vierte Auflage

Paul Lindau

Nüchterne Briefe aus Bayreuth
Vierte Auflage

ISBN/EAN: 9783744683463

Hergestellt in Europa, USA, Kanada, Australien, Japan

Cover: Foto ©ninafisch / pixelio.de

Weitere Bücher finden Sie auf **www.hansebooks.com**

Nüchlerne Briefe

aus

Bayreuth

von

Paul Lindau.

Laie:
Ich bin kein Kenner und ich will
Von der Musik nur Freude und Vergnügen.
Bezaubert sie mich nicht, so bin ich still.
Rufe von allen Seiten:
Sie werden gleich die schönsten Keile kriegen

Julius Stettenheim,
(in den Berliner Wespen).

Separat-Abdruck aus der „Schlesischen Presse."

Vierte Auflage.

Breslau.
Verlag von S. Schottlaender.
1876.

I.

Ankunft in Bayreuth. Eine Generalprobe. Die neuen Einrichtungen des Wagner-Theaters. Zur Stimmung.

Leider gehöre ich zu den unverbesserlichen Leuten, die die Mor=
genröthe lieber als den Schluß des vorangegangenen Tages, denn als
den Beginn eines neuen betrachten; und um nicht früh aufstehen zu
müssen, legte ich mich gar nicht erst zu Bett. Um halb 5 Uhr Mor=
gens verläßt der Courierzug Dresden. Ich hoffte bis Hof fünf bis sechs
Stunden schlafen zu können, um dann mit neuen Kräften ausgerüstet
den Anstrengungen, die unser hier harren, entgegenzugehen.

Der Plan war gut, aber die Ausführung ließ zu wünschen übrig.
Wer doch den Locomotiven das verwünschte Pfeifen abgewöhnen
könnte! Vier oder fünf Mal wurde ich aus dem Schlaf gepfiffen,
bis ich mich endlich daran gewöhnte. Die Station Glauchau passirte
ich schon im festen Schlaf, und schlafend kam ich in Zwickau an. Hier
wurde ich durch einen Herrn, der sehr geräuschvoll in's Coupee trat
und mich mit den verschiedenen Stücken seiner Bagage in unangenehme
Berührung brachte, aufgeweckt. Er entschuldigte sich zwar etliche tausend=
mal, aber das änderte nichts an der Sache. Der Herr musterte mich
mit Unheil verkündenden Blicken, ich sah ihn ebenfalls an; und ein schreck=
licher Gedanke stieg plötzlich in mir auf. Sollte dieser unansehnliche,
wohlbeleibte Herr der bewußte Reisebegleiter von Gustav Rasch sein?

Es ist Ihnen doch nicht unbekannt, daß Gustav Rasch jedes=
mal, wenn er auszieht, um als gesinnungstüchtiger Mann unserem

1*

Sklavenstaate die fälligen Steuern schuldig zu bleiben und irgend einen verlassenen Bruderstamm zu befreien, im Coupée einen sehr unter= richteten Herrn antrifft, mit dem er sich alsbald in ein tiefsinniges Gespräch einläßt. Dieser Fremde unterrichtet unsern Befreiungsreisen= den von allen möglichen Dingen und Persönlichkeiten, die auf das Land Bezug haben, welches Gustav Rasch durchstreifen will. Der Fremde hat alle neuerdings erschienenen Bücher über den Gegenstand der Unterhaltung gelesen und besitzt einen Schatz von statistischen Kennt= nissen, der geradezu bewunderungswürdig ist.

Ich konnte mich nun des unheimlichen Gedankens nicht erwehren, daß der Störer meiner Nachtruhe der feuilletoneinleitende Fremde von Gustav Rasch sei. Und richtig! Er näherte sich mir, soweit es die räumlichen Verhältnisse gestatteten, und fragte mich, ob er nicht das Vergnügen habe 2c. In einem Anfall von Geistesabwesenheit bejahte ich seine Frage und constatirte meine Identität.

„Gehen Sie auch nach Bayreuth?“ fuhr er fort. Ich wollte eben verneinen, als der Schaffner den Kopf zum Wagenfenster hereinsteckte, sich die Billets reichen ließ und, nachdem er dieselben coupirt hatte, uns mit dem Bemerken zurückgab: „Die Herren fahren nach Bayreuth, müssen also in Neuenmarkt umsteigen.“

„Das ist mir ja außerordentlich angenehm, daß wir die Reise bis Bayreuth zusammen machen. Man mag sagen, was man wolle, Bay= reuth ist doch einer der interessantesten Flecken unserer deutschen Erde, und namentlich für uns Brandenburger knüpfen sich die inhaltsvollsten Erinnerungen an die Geschichte . . .“

Und nun erzählte er mir die Geschichte von Anspach=Bayreuth! Kein Zweifel, er war's!

Ich hütete mich, seinen Redefluß auch nur durch die leiseste Be= merkung zu hemmen. Als er mit seinem Vortrage an der markgräflichen Zeit angelangt war, schlief ich schon mit offenen Augen. Er erzählte mir die Geschichte der „Fantaisie“ und der „Ermitage“, er berichtete alle Anekdoten über den Aufenthalt von Jean Paul in Bayreuth, und endlich kam er — wir waren ungefähr noch eine Stunde von Hof ent= fernt — auf die culturhistorische Bedeutung des jetzigen Nibelungen= festes zu sprechen.

„Seit den Zeiten der olympischen Spiele hat die Sonne ein solches Schauspiel nicht geschaut. Porges hat Recht: Aeschylos, Shakespeare und Wagner — in diesen drei Namen culminirt der geistige Fortschritt des Alls. Sie werden mir sagen, daß die Analogie zwischen den griechischen Volksfesten und unserm deutschen Wagnerfeste doch keine vollkommene ist, aber Sie vergessen, daß die Verschiedenheit der Zeit, der Völker und des Klimas nothwendig zu verschiedenen Resultaten führen mußte! Sie werden mir vielleicht noch einwerfen . . .‟

Das waren die letzten Worte, die ich hörte. Auf einmal wurde ich durch das gewaltsame Oeffnen der Wagenthür und den Schrei des Conducteurs: „Hof, acht Minuten Aufenthalt‟ aufgeweckt.

„. . . . Nie da gewesen! Und das hat Ein Mann gemacht, Ein Mann fertig gebracht! Ist es nicht großartig? Sehen Sie, Sie wider= sprechen nicht‟, schloß der Mann seine Rede.

Er hatte im Eifer des einseitigen Gesprächs gar nicht bemerkt, daß ich geschlafen hatte.

Um 1 Uhr traf ich, ohne weiteren Schaden erlitten zu haben, in Bayreuth ein, wo ich, Dank der Zuvorkommenheit eines liebens= würdigen Freundes, in dem in Privatbesitz übergegangenen Theile des alten Schlosses ein hohes, geräumiges, kühles Zimmer fand, dessen reiche Stuckarbeiten am Plafond an die vergangene Pracht gemahnen. Von meinem Fenster aus sehe ich über Gärten hinweg auf den Hügel, auf dem das Bühnenfestspielhaus errichtet ist; waldige Hügel schließen den Horizont ab.

Zu meiner nicht geringen Ueberraschung erfuhr ich, daß, gegenüber den früher allgemein verbreiteten Mittheilungen, auch zu den General= proben, denen der König von Baiern beiwohnte, in den letzten beiden Tagen der Eintritt gestattet worden sei, und daß es keine besonderen Schwierigkeiten mache, der Generalprobe der „Götterdämmerung‟, die Nachmittag um ½5 Uhr beginnen sollte, beizuwohnen.

Eine halbe Stunde vor Beginn der Probe war ich an Ort und Stelle.

Die neue Einrichtung des Schauraumes und der Bühne forderte meine volle Aufmerksamkeit heraus und erregte meine lebhafte Theil= nahme. Es ist über das Aeußere des Wagner=Theaters schon so viel geschrieben worden, daß ich bei allen Lesern, die sich für die Sache

intereffiren, die Kenntniß desselben, soweit sie sich eben durch eine schrift=
liche Aufzeichnung vermitteln läßt, voraussetze. Das Theater faßt un=
gefähr 14= bis 1500 Sitzplätze im Parterre, die sich in lang geschweiften
Reihen amphitheatralisch erheben und ihren Abschluß an der Fürstenloge
finden, welche die der Bühne gegenüberliegende Wand des Gebäudes
in ihrer ganzen Breite füllt. Ueber der Fürstenloge befindet sich noch
eine Galerie, auf der wohl auch einige Hundert Personen Platz finden.
Die Seitenlogen sind, wie man weiß, gänzlich ausgeschlossen; und die
Einförmigkeit der Seitenwände ist durch Vorbauten im Renaissancestil
mit Säulen in sehr geschickter und künstlerischer Weise beseitigt. Der
Zuschauerraum macht einen strengen, gemessenen, höchst vortheilhaften
Eindruck.

Die Haupt=Neuerung ist das, was Wagner als „die Beseitigung
der stets sich aufdrängenden Sichtbarkeit des technischen Apparates der
Tonhervorbringung" bezeichnet, d. h. die Unsichtbarmachung des Orchesters.
Das Orchester ist so tief gelegt, daß der Zuschauer darüber hinwegsieht
und die Aufmerksamkeit, die er auf die scenischen Vorgänge zu richten
hat, durch keinen sich dazwischen drängenden Körper abgeschwächt
wird. Der Zuschauer soll nur die Bühne sehen; und um ihn den zer=
streuenden Einflüssen zu entziehen, die das liebenswürdige Lächeln einer
Nachbarin oder die schöne Toilette einer vor ihm sitzenden Dame ver=
anlassen könnte, wird, sobald die Musik beginnt, das Haus in tiefes
nächtiges Dunkel gehüllt; man kann factisch nicht die Hand vor den
Augen sehen. Es ist also auch keine Möglichkeit vorhanden, mit Hilfe
des sogenannten Textbuches sich das Verständniß unverständlich geblie=
bener Einzelheiten zu verschaffen. Man sieht eben absolut nichts als
die hell erleuchtete Bühne.

Alles das ist in der Theorie gewiß sehr geistvoll und berechtigt und
in der praktischen Durchführung zum Mindesten ein interessanter Versuch.
Es ist sehr wohl möglich, daß diese von Wagner getroffene Einrichtung
nachgeahmt und vervollkommnet werden wird, und daß hier der erste
Schritt gethan ist zu einer Reform unserer Theatereinrichtung, die
bisher gewiß mancherlei zu wünschen übrig ließ, und die sich seit langen
Jahrzehnten in starrer Unbeweglichkeit mit allen ihren Fehlern und
Mängeln erhalten hat. Einstweilen aber wirken diese Neuerungen noch

befremdend und zerstreuend, und die von Wagner beabsichtigte Wirkung: den Theilnehmern an dem Bühnenfestspiel schon jetzt die Wohlthaten dieser Reform zu gönnen, wird voraussichtlich nicht ganz erzielt werden. Das Wagner'sche unsichtbare Orchester klingt anders als das sicht= bare, an das wir bisher gewöhnt waren. Es mag sein, daß der Ton= complex der verschiedenen Instrumente, der aus der geheimnißvollen Tiefe heraufdringt, die Tonmischung reiner und in richtigerem Verhältniß wiedergiebt, als bei der Aufstellung des Orchesters vor den Augen des Publikums — ich, als musikalischer Laie, kann mir darüber kein Urtheil anmaßen; aber jedenfalls ist der Effect ein anderer. Der ganze musi= kalische Commentar wird ein discreterer, nach meinem Geschmacke bis= weilen sogar ein zu discreter. Namentlich hat mich der Klang der Blasinstrumente frappirt: durch die gleichmäßige Dämpfung derselben verschwindet für das Ohr des Laien beinahe die Verschiedenheit der Farben der einzelnen Instrumente. Das fröhliche Schmettern der Trom= peten wird umhüllt und verliert sich in den fast gleich klingenden Tönen der anderen Blasinstrumente. Es wird eine größere Einheitlichkeit hergestellt, das unterliegt wohl keinem Zweifel, aber wie ich glaube, eine Einheitlichkeit auf Kosten der berechtigten Eigenthümlichkeit der einzelnen Instrumente. Fragmente aus der „Götterdämmerung" hatte ich bereits in den Wagner=Concerten in Berlin gehört und diese — ich habe vornehmlich den großartigen Trauermarsch im Sinn — wirkten wenn ich meinen Eindruck unbefangen wiedergeben darf, bei der Auf= führung im Concertsaal mit sichtbarem Orchester gerade in der hoch= bedeutenden Instrumentirung mächtiger auf mich, als hier im Festspiel= hause, wo sie aus dem geheimnißvollen Schlunde herauf unser Ohr treffen.

Das Auge ist, wie man weiß, der mächtigste Vermittler und Stärker für alle andern Sinne. Aus zahlreichen bekannten Scherzen weiß man, wie auffallend schnell die übrigen Sinne ihre Dienste ver= sagen, sobald sie des Beistandes des leitenden Auges entbehren müssen: man weiß, wie selbst ein geübter Weintrinker, wenn man ihm die Augen schließt, nach wenigen Minuten nicht mehr im Stande ist, herben Weiß= wein von süßem Rothwein zu unterscheiden; wie man, wenn man einem andern mit der flachen Hand über den Rücken streicht und gleichzeitig mit der Bürste über seine eigene Brust fährt, bei diesem Andern die

Täuschung hervorruft, als ob sein eigener Rücken gebürstet würde 2c. Es ist kein Zufall und nicht blos die Befriedigung einer kindischen Neugier, wenn sich das unbefangene Publikum im Concertsaal so setzt, daß es den executirenden Künstler auf der Estrade gut sehen kann, daß man krampfhaft den Hals reckt, sich auf einen Stuhl stellt u. s. w., um zu sehen, wie der Virtuose den Bogen führt. Für das weniger gebildete Ohr des Laien wird eben der Ton schärfer und charakteristischer, wenn er mit dem Auge der Bewegung des Bogens folgen kann, dessen Streichen diesen Ton den Saiten entlockt. So auch erkläre ich mir, daß ich von dem unsichtbaren einen weniger tiefgehenden Eindruck empfangen habe, als von dem sichtbaren Orchester Richard Wagners.

Vom sichtbaren Orchester empfangen wir eben die unmittelbare Wir= kung; von dem den Augen entzogenen, in die Tiefe gelegten aber wird uns die Wirkung erst durch eine gleichmäßige starke Dämpfung vermittelt. Es ist mir nicht unbekannt, daß Wagner gerade die Unmittelbarkeit der Wirkung für störend hält und daß es gerade seine Absicht ist, die Töne nicht auf directem Wege zu uns gelangen zu lassen, sondern sie gleich= sam auf einem Umwege zu uns zu führen, damit sie Zeit gewinnen, bei diesem Umwege ihre eigenwilligen Unarten abzustreifen und sich zu einem einheitlichen Körper harmonisch zusammenzugesellen. Für das Ohr des Laien indessen schwinden nicht blos die Unarten, sondern schwindet, wie gesagt, auch die Eigenart der Töne. Das unsichtbare Orchester wirkt auf uns wie ein mit Flor bespanntes Oelgemälde; es werden nicht blos die Härten im Colorit wohlthätig gemildert, es wird Alles durch die zu starke Abtönung verdunkelt.

Für die großen Vorzüge der Wagner'schen Neuerung bin ich keineswegs unempfänglich. Es unterliegt keinem Zweifel, daß durch die Beseitigung des Orchesters ein innigerer und richtigerer Zusammenhang zwischen dem Zuschauer und der Bühne hergestellt wird. Das mystische Heraufklingen aus der Tiefe besitzt einen poetischen Zauber, dem sich niemand entziehen kann. Namentlich wohlthuend ist es, daß man auch den Dirigenten nicht sieht, der beim sichtbaren Orchester immer, auch wenn er noch so discret sich geberdet, mehr oder minder störend wirkt. Wagner hat, wie ich glaube, noch nicht das ganz Richtige getroffen, aber er ist sicherlich auf richtigem Wege. Es wird sich mit der Zeit eine

Einrichtung herstellen lassen, welche mit den Vorzügen der Wagner'schen Unsichtbarmachung des Orchesters den weiteren Vorzug verbindet, dem Tonkörper seine volle Ursprünglichkeit und Unmittelbarkeit zu erhalten.

Nicht anders verhält es sich mit der Entleuchtung. Wenn man aus der hellen Nachmittagssonne in den, auch vor der Vorstellung und in den Zwischenacten ganz matt von wenigen Girandolen beleuchteten Saal tritt, so fühlt man sich unsicher und ungeschickt wie der Kurzsichtige im Winter, der von der kalten Straße in ein heißes Zimmer tritt, und dessen Brillengläser beschlagen sind.*) Man tastet sich auf seinen Platz, man glaubt in einem Kellerraum zu sein. Sobald die Bühne die Aufmerksamkeit allein beanspruchen soll, tritt völlige Dunkelheit ein, Wagner will auch dadurch die Zerstreuung des Zuschauers durch die sichtbare Umgebung vermeiden. Er will nicht, daß die Damen sich und ihren Putz zum Besten geben und ohne Gage mitspielen sollen. Um das zu erreichen, ist er seiner ganzen Natur entsprechend ganz radical vorgegangen: er schraubt das Licht aus. Wenn ich hiergegen Widerspruch zu erheben mir erlaube, so geschieht dies nur meiner Augen wegen. Das stundenlange Verweilen in dem stockfinstern Raume, in dem der Blick beständig nur durch die grell abstechende Helle der Bühne angezogen und festgehalten wird, hat mir Augen= schmerzen verursacht; und die um mich lagernden dunklen Massen haben mich mehr zerstreut, als mich eine gleichgiltige Umgebung bei mäßiger Beleuchtung zerstreut haben würde. Es kommt dazu, daß der helle Schimmer der Bühne doch etwas auf das Haus reflectirt und daß sich allmählich, wenn sich das Auge an die völlige Dunkelheit gewöhnt hat, aus dem nächtigen Chaos in diesem matten Wiederscheine, der dem aschgrauen Lichte des Mondes vergleichbar ist, einige Contouren abheben. Auf diese Weise sieht man entweder zu viel, da man über= haupt etwas sieht, oder man sieht nicht genug. Ich glaube, daß die an den meisten Bühnen schon bestehende Einrichtung: die Beleuchtung des Hauses während des Spiels auf der Bühne erheblich zu vermindern, dem von Wagner angestrebten Ziele näher kommt, als seine Neuerung.

---

*) Diese Bemerkungen wurden nach der Generalprobe niedergeschrieben; bei den Vorstellungen war das Haus besser beleuchtet. P. L.

Wagner denkt von seinem Werke zu gering, wenn er befürchtet, daß sich das Publikum, das sich hier aus allen Weltgegenden vereinigt hat, um seinem Festspiele beizuwohnen, durch albernes Coquettiren während der Vorstellung, durch Mustern der Toiletten u. s. w. von dem Gegenstande, der es allein beschäftigen soll, ablenken lasse. Er denkt zu hoch vom Publikum, wenn er glaubt, daß dasselbe im Stande sei, ohne Nachhilfe des Textbuches den Vorgängen auf der Scene mit vollem Verständniß zu folgen.

Die Wagnerianer stellen allerdings unter anderen Anforderungen auch die, daß man nur dann das Recht habe, mitzusprechen, wenn man den Text und die Partitur auswendig kenne; und auch dann nur, wenn man rückhaltlos bewundere. Die unleugbare Thatsache, daß hier ein außerordentliches Ereigniß vor sich geht, veranlaßt sie zu der Forderung, daß nur außerordentliche Menschen darüber reden sollen. Sie versagen dem gewöhnlichen Sterblichen das Recht, mit Freimuth und ohne Voreingenommenheit die Eindrücke wiederzugeben, die er, der Gewöhnliche, hier von dem Ungewöhnlichen empfängt, sobald diese Meinungsäußerung etwas Anderes ist als lallendes Verzücken. Wer nicht auf die Worte des Meisters schwört, der gilt nicht etwa als oppositionell, als feindselig, der ist einfach ungebildet, der versteht nichts von der Sache, der muß seine Umgebung um Entschuldigung bitten, daß er überhaupt vorhanden ist.

Es ist charakteristisch genug, daß Richard Wagner, ohne daß man irgend etwas Auffälliges an der doch etwas veralteten Titulatur findet, beständig der „Meister" genannt wird. Der „Meister" ist hier nicht im Gegensatz zum „Schüler" zu verstehen, denn das wäre ja ganz gerechtfertigt, sondern als Magister im Verhältnisse zum Famulus. Es herrscht hier eine dienerhafte Unterwürfigkeit, von der man sich kaum eine Vorstellung macht.

Man spricht so oft vom Freistaate der Künstler. Nun, ich habe nie in meinem Leben so sehr die Empfindung des absoluten Regiments gehabt, wie gerade hier. Es ist ein frischer, fröhlicher, ästhetischer Absolutismus mit allen Wirkungen der Alleinherrschaft: mit dem Stolze, dem Oberhaupte, das ohne Controle schaltet und waltet, zu dienen, mit der ängstlichen Vertuschelung jeden Widerspruchs, der sofort eine

Unehrerbietigkeit sein würde, mit der Ausrottung jeder individuellen Regung, die schon deßhalb feindselig sein muß, weil sie eben individuell ist. Es kommt mir so vor, als sei die gute alte Zeit des beschränkten Unterthanenverstandes wiedergekommen, und es würde mich gar nicht wundern, wenn ich am Eingange des Festspielhauses dieser Tage ein Plakat angeschlagen fände, das dem bekannten Schreiben des Ministers von Rochow nachgebildet wäre und so lautete:

„Es ziemt dem Festbesucher, vor dem Meister in weltvergessener Unterthänigkeit zu ersterben, aber es ziemt ihm nicht, dessen Leistungen an den Maßstab seiner beschränkten Einsicht anzulegen und sich im dünkelhaften Uebermuth ein öffentliches Urtheil über dieselben zu erlauben."

Die Rechte des Bayreuther Festspielbesuchers sind ungefähr dieselben, wie die des Unterthanen im alten Preußen, die in den beiden Worten wiedergegeben waren: „Steuern zahlen", „Maulhalten". Gegen den Erwerb eines Patronatsscheins ist nichts einzuwenden; damit gewinnt man die Vergünstigung, über die empfangenen Eindrücke unverbrüch= liches Schweigen zu bewahren, es sei denn, daß Dein Mund sich öffne, um im Stile Davids das Lob des Meisters zu singen. Dazu darf man sich denn auch mit der Harfe begleiten, wenn man will. Wer nicht ganz zu den Orthodoxen gehört, der fühlt sich hier schwül und vereinsamt, wie ein liberaler Berichterstatter in einer Arbeiter=Ver= sammlung der Lassalleaner.

Jede Unterhaltung zwischen einem dieser Orthodoxen und einem nicht ganz Rechtgläubigen beginnt mit folgender Frage: „Wie oft werden Sie die Vorstellungen besuchen?" und darauf entspinnt sich dann die nachstehende Unterhaltung:

„Einmal. „Ich denke, einige zwanzig Stunden Musik in vier Tagen, — das ist auch von Seiten des Publikums eine ganz anständige Leistung."

„Einmal? Das ist viel zu wenig; dann werden Sie voraussichtlich gar keinen richtigen Eindruck von dem ganzen Kunstwerk gewinnen können."

Das fürchte ich auch; ich maße mir auch nicht an, den richtigen Eindruck zu gewinnen und mein Urtheil als maßgebend hinzustellen; ich erhebe keinen andern Anspruch als den, aufrichtig zu sagen, was ein Laie, der mancherlei gute Musik gehört hat, und der sich rühmen darf,

der Musik die volle Liebe, vielleicht auch einiges Verständniß entgegen=
zubringen, bei der ersten Aufführung eines auf breitester Basis groß=
artig angelegten Kunstwerkes empfindet."

„Das dürfen Sie nicht! Das Publikum macht nicht so feine Unter=
scheidungen, und wenn Sie schreiben: „Das hat mich gelangweilt", so
liest das Publikum heraus: „Die Dichtung ist langweilig". Bedenken
Sie, welche Verantwortung Sie auf sich nehmen, wenn Sie ohne ge=
nügende Sachkenntniß dazu beitragen, ein Werk zu discreditiren, das,
ganz abgesehen von allen großartigen Eigenschaften, die es besitzt, schon
durch die seit langen Jahren darauf verwendeten Kräfte des größten
lebenden Künstlers den vollsten Respect verdient."

„Dem widerspreche ich durchaus nicht: das Gefühl des Respects
wird mich auch nie verlassen. Die Summe von künstlerischer Potenz,
von kühnem Ringen und mannhaftem Erreichen, die in diesem Werke
zum Ausdruck kommt, imponirt mir gerade so wie dem eingefleischtesten
Wagnerianer. Aber bei aller Hochachtung vor der außerordentlichen
Leistung muß es mir doch, wie ich wiederhole, gestattet sein, meine auf=
richtige Meinung als ganz unmaßgeblichen Ausdruck meiner individuellen
Auffassung zu sagen."

„Nur dann, wenn Sie das Werk gründlich kennen; und um diese
Kenntniß zu erlangen, müssen Sie es öfter hören als einmal."

„Wie oft muß ich es denn hören?"

„Außer den Proben müssen Sie zum Mindesten vier vollständigen
Vorstellungen beiwohnen."

„Wie oft wird es denn gegeben?"

„Drei Mal."

„Dann wird es mir aber nicht leicht werden, selbst bei dem voraus=
gesetzten besten Willen mir diese Kenntniß zu verschaffen."

„Dann müssen Sie eben schweigen."

„Aber ich werde es loben."

„Dann können Sie reden, soviel Sie wollen."

„Und wenn ich auch blos eine Serie anhöre?"

„Selbst dann."

Wagner hat durch die Macht seiner Persönlichkeit und die Be=
deutung seines Werkes es durchgesetzt, hier auf diesem bescheidenen

Fleckchen Erde, das von den großen Verkehrsstraßen ganz abseits liegt und niemals zufällig berührt, sondern immer nur absichtlich erreicht wird, eine Schaar von künstlerischen Kräften zu vereinigen, die in der That einzig genannt werden kann. Er hat sein kühnes Programm, das in den Worten seiner am 22. Mai 1872 gehaltenen Festrede gipfelt: „Soweit das künstlerische Vermögen der Gegenwart reicht, soll Ihnen im scenischen, wie im mimischen Spiel das Vollendetste geboten werden", verwirklicht. Da die Liste der mitwirkenden Sänger und Sängerinnen schon von allen Blättern mitgetheilt ist, so kann ich mir die trockene Aufzählung der bedeutenden Namen hier ersparen. Das von Hans Richter geleitete Orchester besteht aus den ausgezeichnetsten Musikern unseres Vaterlandes. Sie wissen, daß, um aufs Gerathewohl einige Namen zu nennen, am ersten Violinpulte August Wilhelmj sitzt, und am Pulte der Celli Leopold Grützmacher. Die Maschinen hat natürlich der Darmstädter Brandt geliefert, die Decorationen sind, nach Skizzen von Joseph Hoffmann aus Wien, von den sehr talentvollen Coburger Malern, den Gebrüdern Brückner, die Costüme und Requi= siten von Professor Döpler und dessen Sohne entworfen und unter deren Aufsicht ausgeführt worden.

Zu den Auswüchsen des großen Nibelungenfestes gehört die Pflege des Stabreims. Ich fürchte, wir werden mit Bezug auf Wagner eine Alliteratur bekommen, vor der sich die Literatur immer mehr verkriechen wird. Was hier in Stabreimen geleistet wird, ist ganz erstaunlich. Es würde mich gar nicht wundern, wenn ich eines Morgens von einem Wagnerianer angeredet würde: „Wie weht's? Wohl?" Man hat auch mit Freuden bemerkt, daß der „Meister" bei der Besetzung der Rhein= mädchen, durch seinen glücklichen Instinkt geleitet, nur alliterirende Damen auserkoren hat: Lilli Lehmann, Marie Lehmann, Minna Lammert, daß die beiden Helden der Walküre, Siegmund und Hunding, von den ebenfalls zweifellos alliterirenden Niemann und Niering dar= gestellt werden, und daß unter den Walküren selbst Louise Jaide und Johanna Jachmann sich befinden.

Heute haben sich die Straßen von Bayreuth mit Guirlanden und Festons, auf denen der Buchstabe W. prangt, geschmückt. Uneingeweihte glauben, daß damit der deutsche Kaiser Wilhelm, der hier eingetroffen und mit einem Jubel empfangen worden ist, welcher ernsthafte Wagnerianer als zerstreuendes Moment beunruhigen darf, gefeiert werden soll. Die Wagnerianer erblicken darin nur eine neue Ovation für ihren Meister; die Gemäßigteren preisen es mindestens als ein besonderes Glück des Kaisers, daß Wilhelm und Wagner alliteriren.

Die Festtheilnehmer sind jetzt nahezu vollständig versammelt. Es sind zum großen Theil Künstler, namentlich Musiker; und wenn auch nicht tausend Kapellmeister, wie in den Zeitungen zu lesen war, hier zugegen sind, so sind es nach einer genauen Zählung doch 73. Das Hauptcontingent stellen die Intendanten, Directoren, dramatischen Künst= ler und sonstige Theaterzugehörige. Ich habe unter Anderen Julius Stockhausen, Marianne Brandt und Minnie Hauck bemerkt. Von den bedeutenden auswärtigen und heimischen Componisten ist, glaube ich, noch keiner da. Verdi, Gounod, Rubinstein, Brahms 2c. glänzen durch ihre Abwesenheit. Wagner's Schwiegervater, Franz Liszt, dessen Anwesenheit ja bekannt ist, nehme ich natürlich aus. Auch unter den Theaternamen finden sich bedenkliche Lücken; es fehlen sogar die beiden vornehmsten: Dingelstedt und Laube. Der eigentliche Schriftstellerstand ist bis jetzt fast gar nicht vertreten, wenn ich von den musikalischen Fachschriftstellern absehe; Putlitz ist wohl mehr in seiner Eigenschaft als Intendant, denn als Dichter hier anwesend; Bodenstedt wird noch erwartet; ich könnte eigentlich nur Karl Frenzel, Mosenthal und Hermann Schmid nennen, ferner die Matadore des „Kladderadatsch", Ernst Dohm und Wilhelm Scholz, und die geistvollen Feuilletonisten der „Neuen Fr. Presse" Speidel und Wittmann, zu denen sich später noch der „Wiener Spazier= gänger" D. Spitzer und Joseph Oppenheim gesellten. Die Führer der musikalischen Kritik sind, bis auf Gumprecht, wohl ziemlich vollständig vertreten: Gustav Engel von der „Voss. Zeitung", A. H. Ehrlich von „Gegenwart" und „Schles. Presse", Ehlert von der „Rundschau", Wilhelm Mohr von der „Kölnischen Zeitung", Schelle von der „Presse" sind bereits seit einigen Tagen hier, Hanslick von der „Neuen Freien Presse" trifft heut hier ein. Von fremden Blättern ist besonders Amerika stark vertreten. Aus Paris ist der witzige und sehr gefürchtete Redacteur des „Figaro", Albert Wolf, hier anwesend, der den Anhängern Wagners ein Dorn im Auge ist.

Aber wo sind die Dichter? Wo ist Gutzkow? Wo Freytag? Heyse, Scheffel, Spielhagen, Auerbach, Wilbrandt, Gottfried Keller? Und immer fragt der Seufzer: wo? Friedrich Nitzsche ist allerdings hier, auch Porges und Porges entschädigt die Wagnerianer für Alle. Wo sind die Führer im Parlamente? Ich habe, außer Franz Dunker, noch nicht einen einzigen Träger eines politischen Namens von Bedeutung erblickt. Daß sich unter 1500 Leuten, die mit verhältnißmäßig großen Opfern an Zeit und Geld sich hier lediglich zu einem künstlerischen Zweck versammeln, eine große Anzahl bedeutender Menschen befinden müssen, liegt in der Natur der Sache; aber ich glaube trotzdem, daß die Absenzliste beinahe ebenso interessant ist, wie die Präsenzliste. Am stolzesten ist die Malerei vertreten: Makart und Angely sind aus Wien, Lenbach aus München, Adolf Menzel, Anton v. Werner, Karl Becker, Paul Meyerheim aus Berlin und Schauß aus Weimar hier eingetroffen.

Daß sich auch die Industrie des Wagnercultus bemächtigen würde, war vorauszusehen. Ich habe meine Garderobe bereits durch Ankauf einer Nibelungenmütze und einer Wagnercravatte bereichert. Die Nibelungenmütze zeichnet sich nur durch ihre geschmacklose Form aus; die Wagnercravatte unterscheidet sich von anderen Cravatten auf den ersten Blick durch gar nichts, nimmt man aber diese Cravatte liebevoll in die Hand und besieht sie sich genauer, so bemerkt man unter dem Stege, welcher den Zipfel festhält, eine schwarzseidene Schnur; zieht man an dieser Schnur, so öffnet sich die Cravatte, das Mittelstück schlägt sich auf und man erblickt in der Mitte medaillonartig von Seide eingefaßt, die Photographie des Lenbach'schen Portraits von Richard Wagner. Der Wagner-Schwärmer kann also immer den Meister am Halse tragen, ohne daß der Profane dessen gewahr würde. Es giebt auch einen „Siegfriedhut." Die moussirenden Rheinweine, welche in der Wagner-Restauration verschänkt werden, führen die Namen „Rhein= gold" und „Richard Wagner."

Als jüngstes Product der durch Porges und Edmund von Hagen begründeten Nibelungenliteratur muß hier wohl noch die „Rheingold= sage nach meiner eigener Idee in Poesie dargestellt", angeführt werden. „Frei von mir gedichtet, trotz den verleumderischen Gerüchten, als ver= faßte ich meine Gedichte nicht selbst, zu Nürnberg, meiner Vaterstadt

im Juli 1876, Carl Wilhelm Sauter von Nürnberg, deutscher
Dichter im deutschen Kaiserreiche, berühmt als Sauter von der Pegnitz."
Der deutsche Dichter Sauter von der Pegnitz erzählt in dieser epischen
Nachdichtung das Vorspiel des Wagner'schen Werkes. Er berichtet,
wie die Rheintöchter das Gold bewahren und fährt dann fort:

„Doch die Zwerge, die wollten dies Rheingold auch haben,
Und Einer von ihnen, der Alberich, kam
Zu den Töchtern des Rheins, dessen glänzende Gaben
Zu erringen, dieser im Kampf unternahm.
Laut sangen die Nixen, wie er war gekommen,
Im Wieweleiton ein Wieweleilied,
Und in ihre Nähe ist kräftig geschwommen,
So leicht nicht von ihnen auch wieder wegschied".

So geht die Geschichte weiter, ich denke aber, Sie haben für
heute genug.

II.

Rheingold.

Bayreuth, 14. August 1876.

Gestern erste Vorstellung des „Rheingold". Um gleich die Bilanz
des Abends zu ziehen, will ich die Bemerkung voranschicken, daß es
auf mich den Eindruck gemacht hat, als ob die entschiedenen Anhänger
Wagners von der Aufführung nicht so befriedigt, wie sie gehofft, und
die Gegner Wagners nicht so enttäuscht gewesen seien, wie sie be=
fürchtet hatten.

Das schöne Haus war, wie sich das von selbst versteht, so voll, daß
man sich auch nicht in die kleinste Klinze klemmen konnte. Die „kleinste
Klinze" — Sie sehen, man verbessert seinen Stil in Bayreuth. Der
allgemein verbreiteten Ansicht gegenüber, daß die Beleuchtung bei den
Generalproben auch für die Aufführungen maßgebend sein würde, war

das Haus vor Beginn der Aufführung ziemlich hell beleuchtet und auch während der Aufführung lagerte über dem Zuschauerraum ein grauliches Zwielicht, das den Uebergang zur hellen Bühne wenigstens etwas vermittelte; dadurch sind auch die bei den Proben gerügten Uebel=stände zum Theil beseitigt worden. Indessen ist es noch immer so dunkel, daß es nicht möglich ist, das Textbuch zu gebrauchen, und daß Richard Wagner den hier verkauften folgende Bemerkung voranzustellen sich veranlaßt gesehen hat:

„Um die richtige Wirkung des scenischen Bildes zu gewinnen, muß die Beleuchtung des Zuschauerraumes nothwendig so weit ver=mindert werden, daß während des Aufzuges das Textbuch unmöglich nachzulesen sein kann. Es wird daher, sobald der Deutlichkeit der dramatischen Darstellung noch mißtraut werden sollte, gerathen, sich entweder mit dem ganzen Textbuche vor der Aufführung, oder mit den Theilen desselben zwischen den Aufzügen bekannt zu machen."

Soll ich die Gesellschaft mustern? Soll ich Ihnen erzählen, welche bekannten und berühmten Persönlichkeiten sich durch die engen Thüren zwängen und schon jetzt, von der Nachmittagsgluth erhitzt, ihre Plätze auf=suchen, sich mit ihren Nachbarn bekannt machen, Freunde und Bekannte begrüßen? Ich halte es kaum für nöthig. Es dürfte Sie nicht sonderlich überraschen, daß alle diejenigen, die gekommen, da sind; überdies ist Ludwig Pietsch hier, der sich auf dergleichen Schilderungen besser ver=steht, als irgend wer. Bei der Vertheilung der Plätze scheint ein ge=wisses System obgewaltet zu haben; man hat, soweit es möglich war, Rücksicht auf die Gleichartigkeit des Berufs und der Landsmannschaft genommen. Ich habe meinen Platz im sogenannten Malerwinkel. Gerade vor mir sitzen Adolf Menzel, Angely, Becker, Anton von Werner, Schauß, Paul Meyerheim, und an diese reiht sich die Kunstkritik, die in Bruno Meyer ihren Vertreter findet.

Der Kaiser erscheint mit gewohnter Pünktlichkeit und wird mit begeisterten, sich immer wiederholenden Hochrufen vom Publikum, das sich von seinen Plätzen erhoben hat, empfangen. Alsbald wird das Licht im Hause stark vermindert und die Musik beginnt.

Das scenische Arrangement des ersten „Aufschwimmens", — denn man kann hier doch nicht gut „Auftritt" sagen, — wirkt überraschend

schön. Die Schwimmbewegungen der drei Rheinmädchen, ihr Auf=
und Untertauchen, ihr Auf= und Niederwogen sind von reizender Anmuth.
Ich bemerke bei dieser Gelegenheit, daß die berühmten Eingangsworte:

„Weia! Waga!
Wagalaweia!"

und die noch absonderlicheren Naturlaute, die wir später zu hören
bekommen:

„Heiajaheia!
Heiajaheia!
Wallalalalalalala leiajahei!"

— daß diese Laute, die nach Edmund von Hagen einen tiefphilosophischen
Sinn und die Bestimmung haben sollen, uns aus dem Kreise des
realen Lebens wie mit einem Schlage in das Reich des Idealen
zu erheben, aus denen ferner „die wissenschaftliche Thatsache der
Priorität des Sprechens vor dem entwickelten Denken zu abstrahiren"
wäre, — daß diese Eingangsworte bei der Aufführung im gesanglichen
Vortrage und in der Verbindung mit der instrumentalen Umhüllung
auf mich nicht mehr den unwillkürlich komischen Eindruck hervorgebracht
haben, den ich von der Lectüre gewonnen hatte. Sie machen eben gar
keinen besonderen Eindruck; und das ist wohl das Beste, was sich ihnen
nachsagen läßt. Ich würde es kaum bemerkt haben, wenn die Rhein=
mädchen anstatt des tiefsinnigen „Wagalaweia" „Traderidera" gesungen
hätten oder „Holdrioh" oder sonst etwas anderes Begriffsloses.

Die wundervolle Wirkung ihres lieblichen Gesanges und ihres
neckischen Spiels mit dem Zwerge Alberich wird durch die übertriebene
Länge der Scene wesentlich beeinträchtigt. Wagner gehört nicht zu
den Weisen, die sich selbst im Guten und Achtungswerthen ein Ziel setzen:

Imponit finem sapiens et rebus honestis.

Wenn er sich einmal in den Sattel schwingt und ein gutes Pferd
zwischen den Schenkeln hat, so hetzt er es zu Tode.

Der „Meister" ist wenigstens nach der Schiller'schen Definition
durchaus nicht ein Meister des Stils, der gerade darin seine Meisterschaft
bewährt, weise zu verschweigen. Wagner sagt Alles, was er auf dem Herzen
hat und, wenn ich mich nicht täusche, bisweilen sogar noch etwas mehr.

In Wagner paaren sich die widerspruchvollsten Elemente. Er ist
sicher ein ganzer Dramatiker. Das zeigt sich in allen Anlagen seiner Dichtung.

Er exponirt mit vorzüglicher Klarheit, er weiß wirksam zu steigern und kraftvoll zu lösen. Aber in der Ausführung tritt der Dramatiker ganz bei Seite, der Epiker und Lyriker nehmen seine Stelle ein. Da müssen wir uns, wie in den „Meistersingern", endlose didaktische Abhandlungen über die verschiedenen „Weisen" gefallen lassen; er hat darüber eingehende Studien gemacht, er hat daran Interesse gewonnen, und das genügt bei seinem starken Selbstbewußtsein, nicht bloß um das Interesse an diesen Dingen auch bei Andern vorauszusetzen, sondern um dasselbe unter allen Bedingungen sogar zu erzwingen. Er verlangt seine Uebereinstimmung mit Schopenhauer über das Zusammenwirken des Bewußtseins mit dem Schmerze zu constatiren; und deswegen müssen wir im „Tristan" ein philosophisches Zwiegespräch mit Orchester über „Tag" und „Nacht" mit anhören, das ungefähr ³⁄₄ Stunden dauert. Hier wiederholt sich das Spiel der Rheintöchter mit Alberich ebenfalls in ermüdender Weise. Erst wird der Zwerg von Woglinde gehänselt dann rudert Wellgunde heran und erlaubt sich dieselben Scherze und schließlich kommt noch Floßhilde herangeplätschert und bereitet sich zum dritten Mal das gleiche Vergnügen; und jedesmal geht der Albe auf den flüssigen Leim; und wenn, nachdem ihn die Eine genedt hat, die Andere ihm wieder dieselbe Komödie vorspielt, so freut er sich sogar und macht die tiefsinnige Bemerkung:

„Wie gut, daß ihr
eine nicht seid!
Von vielen gefall' ich wohl einer:
von einer kiefte mich keine! —"

„Von einer kiefte mich keine!" Alberichs Logik erinnert stark an die des vorsichtigen Mannes, der stets zwei Taschentücher bei sich führte, um nicht in Verlegenheit zu gerathen, wenn er eins vergessen hätte.

Wagner nimmt auf die Phantasie des Zuschauers ebensowenig Rücksicht wie auf dessen Geduld. Er verlangt von uns, daß unsere Phantasie bald mitthätig wirken, bald vollständig passiv sich verhalten soll. Der technische Apparat, den er für seine Zwecke in Anspruch nimmt, ist merkwürdig complicirt, Prospecte und Maschinen werden nicht geschont.

„Gebraucht das große und das kleine Himmelslicht;
Die Sterne dürfet ihr verschwenden;
An Wasser, Feuer, Felsenwänden,
An Thier und Vögeln fehlt es nicht.“

Es fehlt nicht, aber sie kommen bisweilen nicht zur gehörigen Zeit. Um die Verwandlung herbeizuführen, genügt ihm nicht mehr der übliche Wolkenflor, der vom Schnürboden heruntergelassen wird, oder aus der Versenkung aufsteigt; wirklicher Dampf muß sich mit einem störenden Zischlaut aus dem Boden erheben, um in Verbindung mit dem gemalten Wolkenflor die Täuschung zu einer vollkommenen zu machen. Da kann die Phantasie des Lesers rasten, wir haben den umhüllenden Nebel wirklich vor Augen. Aber dieser Nebel entzieht mir den Zwerg Alberich, der etwas über fünf Fuß hoch ist, und wenn dieser Nebel sich lichtet, werden mir fünf Minuten später die Riesen enthüllt, die etwa fünf Fuß zehn bis elf Zoll messen. Flugs muß die Phantasie wieder zu Hilfe kommen, um mir vorzuspiegeln, daß das Riesenmaß ihrer Leiber weit über Menschliches hinausragt.

Es hat sich mir hier wiederum die Ueberzeugung aufgedrängt, wie mißlich es ist, bei der Nachbildung des Wirklichen auf der Bühne das Wirkliche selbst zu sehr zur Theilnahme heranzuziehen und es hart neben das zu stellen, was eben nicht durch Wirkliches nachzubilden ist. Wenn man es der Phantasie in vielen Punkten zu bequem macht, so ermattet sie eben und greift nicht mehr da ein, wo es der Dichter verlangt. Neben dem zu täuschend Nachgeahmten sticht das nicht täuschend Nachzuahmende durch seine Unnatürlichkeit ab.

Hier treffen nun noch besonders günstige Bedingungen zusammen, um die Ansprüche Wagners ungefähr zu befriedigen. Aber welche reguläre Bühne wäre wohl im Stande, denselben mit den gewöhnlichen Mitteln zu genügen? Wagner, der mit der Werbetrommel durch das ganze deutsche Kunstreich gegangen ist, und sich aus der Gesammtheit der Kunstmilizen die geeignetsten Persönlichkeiten ausgesucht hat, — Wagner hat für den Zwerg Alberich in Carl Hill einen Künstler von mächtiger Stimme und kleiner Gestalt und für die Riesen Fafner und Fasolt in den ungewöhnlich großen und starken Franz von Reichen=berg und Albert Eilers künstlerische Vertreter auftreiben können. Aber welche Bühne vermöchte beim Abschluß der Contracte darauf

Rücksicht zu nehmen, daß von den zu engagirenden Bassisten zwei un=
gewöhnlich groß und einer ungewöhnlich klein sein muß, lediglich um
das Vorspiel zum Ring des Nibelungen in entsprechender Weise aus=
zuführen?

Wagner verlangt immer und immer die völlige Sammlung des
Publikums und die Concentrirung der allgemeinen Aufmerksamkeit auf
das Werk des Dichters und Componisten. Der große Künstler hat in
dieser doppelten Eigenschaft auch das volle Recht dazu. Aber hat er sich
nicht selbst den Vorwurf zu machen, daß er das Publikum durch uner=
hebliche Aeußerlichkeiten zerstreut und ablenkt von der musikalischen und
dramatischen Dichtung? Wenn die Riesenschlange, in die sich Alberich
verwandelt, um Loge zu erschrecken, in ihrer ganzen kolossalen Länge
über die Bühne gewunden wird, und mit dem großen Rachen nach
dem Takte der Musik klappt, — wird da nicht durch die Lächerlichkeit
des Aeußern der Sinn abgelenkt von dem Kunstwerke? Denkt man
nicht unwillkürlich an das schöne Geibel'sche Lied vom lustigen Musikanten,
der einst am Nil spazierte?

> „Es wollt' ihn schier verschlingen,
> Juchheirassassa,
> Wer weiß, wie das geschah?"

Solche alberne Scherze haben nach meinem Geschmack im Rahmen
eines so ernsten und bedeutenden Kunstwerkes keinen Raum.

Diese ganze Scene zwischen Alberich, Loge und Wotan hat überhaupt
auf mich keinen angenehmen Eindruck gemacht. Ich gestehe, daß mir
der Sinn für jene beabsichtigte Kindlichkeit in der Poesie versagt ist.

Um den Gang der Handlung brauche ich mich wohl nicht zu
kümmern. Der Inhalt des „Rheingold" ist ja allgemein bekannt.
Man weiß, daß die Götter sich von den Riesen die Burg Walhalla
errichten lassen, daß die Riesen den dafür bedungenen Lohn, die Göttin
Freia, gewaltsam mit sich fortschleppen, daß darauf Wotan mit Beistand
des verschlagenen Loge, um Freia zu lösen, dem Nibelungen Alberich
das Rheingold, das dieser den Rheinmädchen gewaltsam entrissen hat,
ablistet. Die Riesen nehmen alles, alles Gold; denn es ist bedungen,
daß sie so viel des köstlichen Metalls erhalten sollen, wie nöthig ist,

um Freias Gestalt vollständig zu verdecken. Sie nehmen auch den von Alberich verfluchten Ring:

„Wer ihn besitzt,
den sehre Sorge,
Und wer ihn nicht hat,
nage der Neid!"

Der Fluch übt auf der Stelle seine Wirkung. Fafner erschlägt Fasolt.

Inzwischen baut sich aus den Farben des Regenbogens eine Brücke: der Weg zur Burg Walhalla für die Götter; und während die Götter die Brücke beschreiten, ertönt aus der Tiefe der klagende Gesang der Rheinmädchen um das verlorene Rheingold.

Wagner hat in dem „Ring des Nibelungen" sein System der musikalischen Charakterisirung durch bestimmte Motive, welche ̇eben die Culminationspunkte der Situation oder der Charaktere veranschaulichen sollen, bis zur äußersten Consequenz durchgeführt. Es sind dies die sogenannten „Leitmotive", die zum Theil allerdings sehr charakteristisch sind und auch den Laien sofort frappiren; so das tölpelhafte, schwer= fällige Motiv, durch welches die Riesen eingeführt werden, das lodernde und zischende zur Charakterisirung des Loge u. f. w. Jedesmal wenn vom Ring des Nibelungen die Rede ist, ertönt mit Unfehlbarkeit das betreffende Motiv; für die Götter, für Walhalla, für die Nibelungen für all und jedes bedeutungsvolle Moment ist ein musikalisches besonderes Kennzeichen vorhanden, das niemals ausbleibt, wenn in der Unterhaltung oder in der Stimmung auf dasselbe Bedacht genommen werden soll, nach meiner unmaßgeblichen Meinung als Nicht=Musiker erscheint mir diese Charakterisirung, mit wie vielem Verständniß und mit welcher künstlerischen Vollendung sie auch durchgeführt sein mag, an und für sich doch ziemlich äußerlich und eigentlich zu wohlfeil. Die Art und Weise der Bearbeitung der einzelnen Motive, die natürlich nur in ihrem Knochenbau fest, starr und unabänderlich bleiben, in ihrer rythmischen, harmonischen und instrumentalen Gewandung aber beständig modificirt werden, die Art ihrer zeitweiligen Verbindung und Lösung, — Alles das sind gewiß große künstlerische Leistungen, meinetwegen contra= punktistische Meisterwerke, die den Musiker von Fach mit dem reinsten Entzücken erfüllen können, — als Momente der Charakterisirung aber erscheinen sie dem nicht partiturlesenden Zuhörer noch nicht vollkommen

genügend, nicht echt und treu; und er empfindet namentlich bei der ein=
maligen Audition, wenn er der Wiederkehr dieser Motive nachspürt,
und ihm der Spaß gelingt, etwas, was dem frivolen Vergnügen, ein
schwieriges Räthsel gelöst zu haben, näher kommt als dem reinen
Kunstgenuß.

Unter den Mitwirkenden, die sammt und sonders Vorzügliches
leisteten, trat Heinrich Vogel aus München, dem die dankbare Aufgabe
des Loge zugefallen war, besonders hervor. Die Besprechung der
einzelnen Leistungen der übrigen hervorragenden Künstler darf ich
füglich dem Fachkritiker überlassen. Vogel errang den einzigen Applaus
während der Vorstellung und, merkwürdiger Weise, oder vielleicht auch
nicht merkwürdiger Weise, gerade da, wo sich zum ersten Mal eine
schmeichlerische, langathmige Melodie — eine Melodie im guten, alten
Sinne des Wortes — vernehmen ließ. Sollte es die Wagnerianer
nicht etwas beunruhigen, daß gerade da, wo sich diese eigenartige
und abseitsgehende Partitur einmal zufällig herbeiläßt, den Weg
der alten Oper zu streifen, daß gerade da, wo sie sich, wie in dem
polyphonen Gesange der Rheinmädchen, dieser alten Opernform zum
Mindesten nähert, — daß gerade da die Wirkung am unmittelbarsten,
am reinsten und mächtigsten war?

„Rheingold" hat, wie alle Wagnerischen Dichtungen, ergreifende,
mächtige Schönheiten; wenn die Eigenwilligkeit ihres Schöpfers sich
zu der Concession herbeilassen wollte, dieselben in einen knapperen
Raum zusammenzudrängen, die Wirkung würde eine mächtige sein.
So aber erlahmt und ermattet bei den unendlichen Längen die Theil=
nahme, und nur die vollste Achtung vor dem künstlerischen Vermögen
des Dichters und Componisten ist im Stande, dem Zuschauer diejenige
feste Entschlossenheit zu geben, welche erforderlich ist, um sich des un=
angenehmsten Nachbars im Theater — der Langweile — zu erwehren.

Die Decorationen und Costüme waren sehr schön. Im scenischen
Arrangement klappte gestern unglücklicher Weise nicht Alles; das kann
vorkommen, sprechen wir nicht davon.

III.

Die Walküre.

Bayreuth, 15. August 1876.

Die „Walküre" ist wohl der dramatisch=bewegteste Theil des Bühnen=
festspiels, und der erste und der dritte Act enthalten musikalische Schön=
heiten allerersten Ranges, — großartige, ergreifende Schönheiten von
echtem Schrot und Korn, die den Zuschauer mit zwingender Gewalt
bannen. Dazwischen schiebt sich aber lindwurmartig, schwer und breit
und träge ein zweiter Act, der den ungelehrten Zuhörer ermattet, peinigt,
erschöpft; um so mehr erschöpft, um so weniger befriedigt, als der
einzige dramatische Vorgang durch das höchst ungenügende scenische
Arrangement, selbst für die Kenner der Dichtung wirkungslos bleibt
und denen, die die Dichtung nicht kennen, sogar vollkommen unver=
ständlich bleiben muß.

Die Einführung des Wälsung Siegmund in Hundings Hütte
während einer sturmtobenden Nacht ist von herrlicher dramatischer
Kraft; die schaurige Stimmung ist wie mit einem Schlage da. Die
wunderbare Musik legt einen so dichten Schleier auf die alterthümelnden
Absonderlichkeiten des Textes, daß man ihrer während der Aufführung
gar nicht gewahr wird.

In Hundings Hütte treffen der flüchtige Siegmund und seine
Schwester Sieglinde, Hundings Frau, zusammen. Bei der ersten
günstigen Gelegenheit „blicken sich Beide mit wachsender Ergriffenheit
eine zeitlang stumm an."

Wagner hat eine besondere Liebhaberei für dieses stumme Anblicken
bei ersten Begegnungen. Wie im „fliegenden Holländer", wie in den
„Meistersingern" so auch in der „Walküre". Er sieht sie an, sie sieht
ihn an, zunächst mit einem gewissen unschuldigen Wohlgefallen, das im
milde gestimmten Orchester seinen tremolirenden Ausdruck findet; dann
aber wird die Sache ernster, die Beiden sind von einander fascinirt, sie

erstarren, die zufällig vorgestreckte Hand verharrt unbeweglich in der unbequemen Lage; es wird immer bedenklicher, wie wir aus den an= schwellenden, sich immer steigernden und immer noch wachsenden bis zur weltvergessenen Leidenschaft aufjauchzenden Tönen entnehmen. Und noch reger wird die Theilnahme, das Verlangen noch glühender, es flammt hinüber zum verzehrenden Entbrennen; dabei wechseln sie kein Wort, rühren kein Glied, zucken nicht mit den Wimpern; der Blick sagt Alles. Endlich weicht die Verzückung, die Hand legt sich auf die Brust, der Zauber ist geschehen.

Hundings Erscheinen ist von mäßigem Interesse. Er läßt sich von dem Fremden, dem er mit Recht nicht viel Gutes zutraut, berichten, woher der Fliehende des Weges kommt und wer er ist. Die Antwort Siegmunds auf diese Frage gehört zu den wunderlich absonderlichen Merkwürdigkeiten, für welche nur die Vollbluts=Wagnerianer das volle Verständniß besitzen. Siegmund wird vom Unglück schwer verfolgt:

In Fehde fiel ich,
Wo ich mich fand,
Zorn traf mich
wohin ich zog;
gehrt ich nach Wonne,
weckt ich nur Weh': —
Drum mußt ich mich Wehwalt nennen,
Des Wehes waltet ich nur.

Wehwalt ist also eine hehre Umschreibung, für das was wir heut= zutage „Pechvogel" nennen würden.

„Friedmund darf ich nicht heißen,
Frohwalt möcht ich wohl sein:
Doch Wehwalt muß ich mich nennen.

Weshalb nicht:

Lockvogel darf ich nicht heißen,
Brachvogel möcht' ich wohl sein:
Doch Pechvogel muß ich mich nennen.

Hunding erkennt in Siegmund den Feind seines Hauses. Die Nacht will er ihn noch unter seinem Dache beherbergen, am andern Morgen aber wird er mit der tödtlichen Waffe ihm entgegentreten. Sieglinde reicht ihrem Mann einen Schlaftrunk und kommt während der Nacht zu Siegmund, um ihn zur Flucht zu mahnen. Anstatt diese Mahnung zu befolgen, läßt sich Siegmund mit dem Weibe, das ihn seltsam anzieht, in eine lange Unterhaltung ein. Wir wollen nicht darüber klagen, denn diese bringt uns eine der schönsten Schöpfungen Richard Wagners. Während Siegmund Sieglinde umfängt, springt die Hinterthür auf und bleibt weit geöffnet. Sieglinde erschreckt zusammen und fragt:

„Ha, wer ging? Wer kam herein?"

Siegmund antwortet darauf, indem er auf die offene Thür weist, durch die die Frühlingsnacht im hellen Vollmondsglanze hereinzieht, sehr poetisch und sehr innig:

„Keiner ging, doch Einer kam:
siehe, der Lenz lacht in den Saal!
Winterstürme wichen dem Wonnemond,
in mildem Lichte leuchtet der Lenz;
Auf lauen Lüften lind und lieblich
Wunderwebend er sich wiegt."

Ich halte dieses Frühlingslied für die vollste und echteste Dichtung Richard Wagners. Da ergiebt sich der Stabreim ungezwungen und natürlich, gerade wie ihn diejenigen angewendet haben, die sich schon vor Wagner erlaubten Dichter zu sein, wie die einseitigen „Literaturdichter", um das verächtliche Wagnerwort zu gebrauchen, wie Göthe:

„Aus dem bewegten Wasser rauscht
Ein feuchtes Weib hervor . . .
Labt sich die liebe Sonne nicht,
Der Mond sich nicht im Meer?"

oder wie Heine:

„Die schwatzenden Buhlen wurden stumm,
Sie weinten und wußten selbst nicht warum."

Niemann, der in der Declamation und im dramatischen Spiele den Siegmund mit vollendeter Künstlerschaft darstellt, faßt das Liebes= lied nicht als ein lyrisches Lied auf, sondern, wie es die Dichtung ge= bietet, als dramatischen Vortrag. Wagner selbst schreibt vor, daß Siegmund Sieglinden „mit sanftem Ungestüm auf das Lager zieht." Der Vortrag Niemann's ist also durchaus logisch; wirksamer wäre es allerdings, wenn der Sänger diese einschmeichelnde Liebeserklärung wie eine Cantilene behandeln dürfte. Ein italienischer Tenor — mögen mir die Heiligen beistehen, daß ich mich seiner hier in Bayreuth erinnere — würde sich die Gelegenheit sicher nicht entgehen lassen, um mit dem

bewußten Ruck an die Rampe zu treten und mit schmachtenden Be=
wegungen die wundervolle Melodie in das entzückte Haus hineinzu=
singen. Es wäre das unkünstlerisch, aber es würde hinreißen; während
es jetzt in der strengen künstlerischen Ausführung hinter der Wirkung,
die man sich davon versprochen hatte, zurückbleibt.

Das von feurigster Sinnlichkeit durchglühte Liebesduett am Ende
des ersten Aufzuges machte einen tiefen Eindruck. Dagegen fiel der
ganze zweite Act mit seinen endlosen Breiten vollständig ab; und selbst
die hochbedeutenden Momente, die in denselben enthalten sein mögen,
wurden durch die dominirenden abspannenden Einförmigkeiten bis zur
Unerkenntlichkeit verdunkelt.

Wenn Betz, der übrigens den Wotan ganz meisterlich sang, seine
überlange Rede an Brünhilde hält, — es ist doch nicht möglich, daß
sich auch nur ein unbefangener Mensch dafür interessiren könnte! Und
wie klingt das, wenn dieser hervorragende Sänger genöthigt ist, sein
schönes Organ in eine Lage hinunterzuschrauben, die ganz ungehörig
ist, und die dem edlen Klang den vornehmen Timbre nimmt, während
zehn Minuten lang die Baß=Tuba in ihrer unmöglichsten Tiefe übel=
klingende, knarrende Töne hervorknurrt.

Ein endloses Zwiegespräch wird durch andere abgelöst. Erst unter=
hält sich Wotan mit Fricka; die Moral siegt, Wotan läßt auf Frickas
Drängen die Sache Siegmunds fallen und giebt Brünhilde, die er zu
Siegmunds Schutze ausgerüstet hatte, Ordre zum Abrüsten.

Zweites Zwiegespräch zwischen Wotan und Brünhilde; es ist noch
länger und noch ermüdender. Brünhilde gelobt, aus der neutralen
Stellung nicht herauszutreten.

Drittes Zwiegespräch: Siegmund und Sieglinde kommen fliehend
herbei; wir erfahren was wir schon längst wissen, daß das Geschwister=
paar sich gefreit hat.

Viertes Zwiegespräch zwischen Brünhilde und Siegmund. Wir
erfahren, was wir ebenfalls schon lange wissen, daß Brünhilde Siegmund
nicht beistehen darf.

Endlich, ganz zum Schluß, und zum ersten Mal mit dramatischer
Knappheit concentrirt, der Zweikampf zwischen Hunding und Siegmund.
Brünhilde trotzt dem Gebote des Wotan und deckt Siegmund mit

ihrem Schilde. Wotan, der doch endlich einmal beweisen muß, daß er ein Gott ist, und der bisher auch noch nicht das Geringste gethan hat, was seine göttliche Eigenschaft bekundet, intervenirt. Er berührt das Schwert mit der Spitze seines Speeres, das Schwert zerspringt, Hunding ersticht den Wehrlosen, fällt aber von der „verächtlichen Hand= bewegung" Wotans selbst todt zu Boden, während Brünhilde mit Sieglinden auf ihrem guten Rosse Grane durch die Lüfte davon eilt. Wotan folgt ihr, der Vorhang fällt.

Dieser dramatische Actschluß wurde, wie ich schon kurz erwähnte, durch die Bühneneinrichtung um seinen ganzen Effect gebracht. Der Zweikampf zwischen Siegmund und Hunding und Brünhildes Eingreifen erschien verworren und verschwommen wie in einem Nebelbilde. Man sah eigentlich nur den flatternden rothen Mantel Brünhilde's und etwas unter dem man sich einen Schild vorstellen konnte. Daß das Schwert Sieg= munds zersprang, konnte kein Mensch erkennen. Ebenso wenig bemerkte man Siegmunds und Hundings Tod. Auf dem Hintergrunde sah man dann noch den Reflex einer großen Laterna magica, was wahrscheinlich die auf dem Rosse Grane entfliehenden Weiber darstellen sollte; aber es gehörte viel guter Wille dazu, um das auch nur ungefähr zu erkennen.

Ueberhaupt ist das ganze scenische Arrangement recht dürftig. Kein Mensch würde von einem provisorischen Theater mehr verlangen, als hier geboten wird, wenn nicht die traurigen Reclamenmacher in alle Welt hinausposaunt hätten, daß hier den Deutschen zum erstenmale gezeigt werden solle, wie man ein Kunstwerk würdig, prächtig und echt künstlerisch in Scene setzt, mit welchen Mitteln hier die großartigsten Bühnenwirkungen erzielt werden. Daher der Zudrang der Maler und der Theaterintendanten, daher jetzt, nach dem vollständigen Fiasko die größte Enttäuschung. Nur die wundervollen Doepler'schen Costüme haben Stich gehalten.

Alles, was wir in der „Walküre" an ungewöhnlichen Theaterwirkungen gesehen haben, ist kaum mittelmäßig zu nennen, es ist geradezu miß= lungen. Alles das haben wir schon viel besser auf den Bühnen der großen Hoftheater und des Berliner Victoriatheaters gesehen — von den Londoner Bühnen, die sich zur Freude der Kinder um die Weih= nachtszeit mit Ausstattungsstücken speciell befassen, gar nicht zu reden.

Was ist das für ein Widdergespann, dem ebenfalls schon vorher die Ehre der öffentlichen Anpreisung zu Theil geworden ist! Ein Paar ausgestopfte arme Thiere, mit langweiligwackelnden Köpfen werden auf Rollen herangezogen; etwas vergrößertes Spielzeug für ausgewachsene, große Kinder — ein Doppel=Bähschaf, nichts weiter! Wenn Brunhilde losjauchzt:

> „Fricka naht, deine Frau,
> Im Wagen mit dem Widdergespann.
> Hei! wie die gold'ne Geißel sie schwingt,
> Die armen Thiere ächzen vor Angst;
> Wild rasseln die Räder,"

und es kommt dann dies unschuldige kindliche Ding heran, dann kann man eben nur die Achseln zucken! „Wozu der Lärm?"

Das Pferd Grane ist ebenfalls schon der Gegenstand der öffentlichen Aufmerksamkeit geworden; es ist über dasselbe mehr geschrieben, als über manchen talentvollen Künstler, als über manchen bedeutenden Gelehrten. Nun haben wir es endlich gesehen, dieses gute Pferd; militairfromm wie ein Lamm, traurig wie ein ausrangirtes Generalpferd, das das Gnadenbrot frißt und nun der Leiche seines Herrn folgt. Und dieses gute Thier wird mit dem wilden Rufe, mit den unbändigen Trillern der Walküre angejauchzt:

> Hojotoho! Hojotoho!
> Heiaha! Heiaha!
> Hahei! Hahei! Heiaha!

Es klingt Angesichts dieses braven Thieres wie der reine Hohn. Wir sind nach Bayreuth gekommen, um endlich einmal ein „Hojotoho= Pferd" zu sehen. Und was haben wir gesehen? Das richtige Hottehüh=Pferd!

Die sittliche Entrüstung über das blutschänderische Verhältniß zwischen Siegmund und Sieglinde vermag ich nicht zu theilen. Wenn man die Sache im Textbuche nachliest, — nun ja, sie ist recht verfänglich, aber in der scenischen Darstellung wirkt sie durchaus discret; es ist kein Anstoß daran zu nehmen.

Wenn in diesem langen, langen, langen Acte dieses ewige Hin= und Widerreden, oder eigentlich dieses ewige Hinreden in Gegenwart eines Andern doch ein einziges Mal das Gebiet der musikalischen Declamation verlassen wollte! Wenn ich nur nicht immer und immer diese Leitmotive hören müßte! Ich bitte nur einmal um das, was wir geschmacklosen Leute „Melodie" nennen, ich bitte, ich bitte herzlich darum, ich bitt' euch, lieben Vögelein! . . . .

Nun ja, da es nun doch einmal heraus ist, — meinetwegen! Wenn ihr mir die edle Melodie vorenthalten wollt, — gut, dann hole ich mir den ersten besten Gassenhauer! Gebt mir doch irgend etwas, was mich aus diesem stimmungsvollen Summen und Surren heraus= reißt! Gebt mir eine kranke, freie, meinetwegen noch so schlechte Melodie! Gebt mir ein Volkslied mit Holdrioh und Juchheh, — verachtet mich, soviel ihr wollt, aber quält mich nicht mit eurer unendlichen Melodie, die keine ist!

Spitzer hat über diese Art von unendlicher Melodie ein bitterböses, aber sehr richtiges Wort gesprochen: „Die unendliche Melodie, — das ist, als wollte man ein stehendes Gewässer einen unendlichen Thau= tropfen nennen."

Man hat oft getadelt, daß das Duett zwischen Telramund und Ortrud im „Lohengrin", das den zweiten Act einleitet, trotz seiner charakteristischen Färbung und seiner schärferen melodischen Ausprägung den Zuhörer ermatte. Wagner weiß das auch ganz gut; aber um Gottes Willen nur keine Concessionen an das Publikum! — „Das Publikum! — wieviel Narren gehören dazu, um ein Publikum zu bilden?" sagt er mit der souveränen Geringschätzung des großen Künstlers. Man denke sich also dies Duett zu Anfang des zweiten Actes des „Lohengrin" bis in das Unendlichste breitgeschlagen. Man denke sich ein nahezu zwei Stunden währendes Zwiegespräch über Dinge, die theils bekannt, theils wenig interessant sind, mit einer wichtigen instrumentalen Begleitung, die das Gespräch umplätschert, umrauscht, umtost. und man wird eine ungefähre Vorstellung von der Wirkung haben, die der zweite Act der „Walküre" auf fast alle unbefangenen Leute, die sich nichts weis machen lassen, hervorbringt. Als ich nach dem zweiten Acte das sauerstofflose, heiße Haus verließ, mußte ich wiederum an den von mir hochverehrten Dichter Wilhelm Busch denken und an seinen bekannten Ausspruch:

„Musik wird oft nicht schön gefunden,
Da sie stets mit Geräusch verbunden"
und ich mußte denken an die schönen Verse Goethes:
Da pfeift es und geigt es und klinget und klirrt,
Da ringelt's und schleift es und rauschet und wirrt,
Da rispert's und knistert's und flüstert und schwirrt. —
Nun dappelt's und rappelt's und klappert's im Saal.
Wie echt und wahr wirkte der Beginn des dritten Actes: der
Walkürenritt!

Da haben wir wieder das redliche unverfälschte Kunstwerk, nach dem
wir uns sehnen, das ist eine musikalische Schöpfung, die wir verstehen,
die uns packt. Das ist charakteristisch, wild, unbändig und prächtig!
Das stürmt und tobt wie mit elementarer Gewalt! Es ist wundervoll!

Und nun die Wohlthat, endlich wieder einmal mehrere Stimmen
zusammen zu hören! Wenn diese verschiedenen Stimmen auch nicht
zusammen singen, sie schreien und kreischen doch durcheinander — es
ist nicht mehr die Monotonie, es ist Vielstimmigkeit. Was das zu be=
deuten hat, — das vermag nur der recht zu empfinden, der die stunden=
langen musikalischen Selbstgespräche, die vorangegangen sind, mit an=
zuhören gezwungen war. Und wenn nun gar wie bei der Antwort der
Walküren auf Wotans Frage nach Brünhild ein mehrstimmiger Satz
mit charakteristischer Stimmführung erklingt — ist das eine Freude!
Herrgott, das ist ja ganz wie früher!

Nach dem gewaltigen Walkürenchor brach ein donnerartiger Applaus
los. Man merkte es dem Publikum an, wie es so gern möchte, —
wie es nach jeder Gelegenheit seine Befriedigung zu äußern hascht!
Hier war nun die Gelegenheit da, und sie wurde allseitig mit dankbarer
Freude ergriffen. Das klang aber auch ganz anders als das schul=
gerechte Klatschen.

Gerade der unbestrittene riesige Erfolg dieser Walkürenscene, dieser
Einzelheit, fordert zu eigenthümlichen Betrachtungen über den Erfolg
der Gesammtheit heraus. Daß das Wagner'sche Werk bei seinen zahlreichen decidirten Freunden den vollsten und geräuschvollsten Anklang
finden würde, hat nie ein Mensch bezweifelt. Aber Bayreuth soll uns
doch zeigen, wie das Werk überhaupt wirkt — nicht blos auf die Famuli
und intimen Freunde.

Wagner hat erreicht, was noch kein Künstler vor ihm auch nur anzustreben sich vermessen hatte. Bayreuth — wie wir die Summe all' dieser Anstrengungen und Resultate mit einem Worte bezeichnen wollen — Bayreuth ist zwar kein „nationales Unternehmen;" es ist in seinem eminent persönlichen Charakter sogar die volle Negirung des Nationalen. Aber unzweifelhaft ist es die stärkste individuelle Leistung, die zu denken ist. Dem entsprechend ist auch der Lohn ein ganz ungewöhnlicher, nie dagewesener. Hier hat nun der Künstler auf einem Fleck Erde, den er selbst bestimmt, ein selbstgebautes Theater, mit Einrichtungen, die er selbst getroffen, mit einem Orchester, das er selbst geworben — einem Orchester, das beiläufig bemerkt, künst=lerisch vollkommen ist — hier hat er Künstler seiner eigensten Wahl, die er selbst zu seinen Zwecken gebildet und gefördert hat. Reiner und vollständiger haben sich nie die Intentionen eines Künstlers in die Wirk=lichkeit übertragen lassen. Und was bedeuten dieser stolzen und erheben=den Genugthuung gegenüber alle kleinlichen Aergernisse! Schönere Stunden, als sie Wagner in den letzten Tagen gegönnt, sind einem Künstler niemals beschieden gewesen.

Aber weil dem so ist, giebt es auch keine Entschuldigung für irgend etwas, das ungenügend, das fehlerhaft ist; — denn solche Mängel und Fehler werden sich an jedem anderen Theater in noch stärkerem Grade und noch empfindlicher bemerkbar machen, hier und da.

> Hier ist Rhodos, komm und zeige
> Deine Kunst, hier wird getanzt!
> Oder trolle Dich, und schweige
> Wenn Du heut nicht tanzen kannst.

Der Ausfall der Bayreuther Vorstellungen wird maßgebend sein — ich will nicht sagen, für die Werthbestimmung der künstlerischen Leistungen Richard Wagners, aber doch jedenfalls für die Wirkung, die Wagners Werke in ihrer vollendetesten Aufführung auf das bereit=willigste Publikum hervorzubringen im Stande sind.

Nun, die Censur, die dieses Publikum der „Walküre" ausgestellt hat, ist, wenn mich meine Wahrnehmungen nicht trügen, die:

Es ist ergriffen worden vom Beginne des ersten Aufzugs. Es hätte in diesem ersten Acte noch manche Kürzungen gewünscht, aber der zauberhafte Reiz des Schlusses hat es bestrickt, hat es versöhnt;

Es hat sich beim zweiten Acte herzhaft gelangweilt — l'ennui sans phrase — und ist so laff und träge geworden, daß es in dieser Stimmung auch die Schönheiten, die die Mufiker entzücken, überhört hat. Es ist hingeriffen worden von der Walfürenscene im dritten Acte. Es hat sich rühren laffen von Brünhildens innigem Flehen; Wotans Abschied und der „Feuerzauber" — soweit es sich um den mufikalisch= declamatorischen Theil handelt, also um das, was Wagner eigentlich allein angeht — hat es begeistert. Das scenische Arrangement ist selbst hinter seinen bescheidensten Wünschen zurückgeblieben.

Die wabernde Lohe, die den Felsen umlodern soll, war nichts anders als der ganz gewöhnliche Dampf, der sich diesmal elektrisch roth beleuchten ließ; der alte gute Bekannte aus dem „Rheingold." Von „umlodern" — gar keine Rede! Die Täuschung wurde nicht einmal versucht. Der Dampf pafftte gemüthlich aus den gradlinigen Fugen im Hintergrunde auf und rührte und regte sich nicht vom Flecke.

Heute haben wir Ruhetag.

„Ich denke einen langen Schlaf zu thun,
Denn dieser letzten Tage Qual war groß!"

IV.

Siegfried.

Bayreuth, 17. August 1876.

Die alte Theatererfahrung, daß dasjenige, was man nach der Kenntnißnahme aus dem Buche für unbedingt wirkungsvoll gehalten hatte, bei der Vorstellung plötzlich versagt, sich dagegen da, wo man es gar nicht erwartet hatte, eine starke Wirkung einstellt, hat sich auch diesmal bewährt. „Siegfried," dessen Aufführung die entschiedensten Anhänger Wagners, welche das Werk blos aus der Partitur kannten, mit aufrichtiger Besorgniß entgegensahen, — gerade „Siegfried" hat am meisten durchgeschlagen; — namentlich in den zwei ersten Acten.

Es zeigt auch mit einer Klarheit und Schärfe, wie kein anderes dieser musikalischen Dramen, alle charakteristischen Eigenschaften des Dichtercomponisten: die große Künstlernatur, die zur Bewunderung zwingt, und den oft kleinlich eigensinnigen Menschen, der zu Verhöhnung reizt. Hier ist er wahr und wahrhaftig er selbst; der durch keine Rücksicht auf irgend etwas angekränkelte, unverfälschte Wagner, der dem Orchester Klänge zu entlocken weiß, die vorher nie erklungen sind, der es versteht, durch die Combination des gesungenen Wortes mit dem instrumentalen Ausdruck die tiefsten und wunderbarsten Stimmungen im Herzen der Zuhörer hervorzuzaubern, der aber im Uebrigen sich um diese Zuhörer gar nicht kümmert, nicht fragt, ob sie das, was er ihnen zumuthet, ertragen können, sondern sie unter Umständen nur als den nothwendigen Resonanzboden für seine vocalen und instrumentalen Experimente betrachtet. Alles hat seine Grenzen, auch die menschliche Consum- und Genußfähigkeit hat die ihrigen. Der schaffende Künstler erschöpft hier das Maß der Genußfähigkeit bis auf die Neige.

Wagner hat in „Siegfried" seiner Eigenwilligkeit die Zügel völlig schießen lassen. Die Vorstellung, welche mit den Pausen nahezu sechs Stunden währt, ist von Anfang bis zu Ende nichts als Monolog oder Zwiegespräch. Man sieht nicht ein einziges Mal mehr als zwei Wesen auf der Bühne. Der Chor, sowie Alles, was ungefähr an ein Ensemble erinnern könnte, ist hier ganz ausgeschlossen. Man kann sich schon nach dieser einfachen Mittheilung eine Vorstellung machen von der furchtbaren Anstrengung, die uns zugemuthet wird.

Die Empfindungen, welche den Zuhörer während des Verlaufs der musikalischen Dichtung überkommen, lassen sich vergleichen mit denen, die sich des Reisenden bemächtigen, der den Rhein hinunterfährt. Lachende, sonnige Schönheiten, die das Herz erfreuen, zeigen sich ihm, aber auch langweilige Oeden von abspannender Einförmigkeit gähnen ihn an. Der harmlose Reisende, der sich nur der Schönheiten erfreuen und nur davon den Eindruck empfangen will, wendet sich von dem nüchternen Einerlei einfach ab und geht seinen eigenen Gedanken nach. Das verhindert aber nicht, daß ein Anderer, der die Gegend sehr genau kennt und andere Gesichtspunkte im Auge hat, gerade hier besonders auf= merksam werden mag, weil er weiß, daß der Boden diese oder jene verwerthbaren Bestandtheile enthalte, daß er fruchtbar sei, kohlenhaltig — Gott weiß was. Der Vergleich stimmt nicht ganz, schon deshalb nicht, weil beim Rhein die Schönheiten dicht zusammengedrängt liegen, während sich in der Wagner'schen Dichtung allerhand Dinge, die gar nicht schön sind, dazwischen drängen.

Gleich im ersten Aufzuge schiebt sich zwischen den fröhlichen Anfang und das fröhliche Ende ein trübseliges Mittelstück, — die Scene mit dem Wanderer. Wir haben uns gerade erwärmt für den wilden Knaben Siegfried, und der wohlthätige Humor, den der kleine wackelnde und nickende Zwerg Mime verbreitet, hat uns gerade angeheimelt — Mime, den Herr Karl Schlosser aus München mit großem Verständniß ganz vortrefflich darstellt, gehört zu den bestcharakterisirten Figuren des Nibelungenringes, — wir sind also just in guter Stimmung, als der ungemüthliche Wanderer Wotan erscheint, den selbst Betz trotz seiner vollendeten Meisterschaft im Spiele und im Gesange nicht zu einer einigermaßen interessanten Persönlichkeit zu machen im Stande ist, —

als dieser Wanderer erscheint, eigens mit der Aufgabe betraut, uns ab=
zukühlen und zu befremden.

Wotan läßt sich am Herde Mimes nieder, und um diese Ver=
günstigung zu gewinnen, verspricht er dem Zwerge, drei Fragen zu be=
antworten, die dieser ihm stellen könne. Mime sagt sich: „verfänglich
muß ich ihn fragen;" sinnt eine Weile nach — und was fragt er ihn
dann?

„Welches Geschlecht nachtet in der Erde Tiefe?"

Wagner sagt allerdings: „tagt" in der Erde Tiefe, aber das ge=
schieht lediglich der Alliteration wegen; denn die Nibelungen fürchten
sich ja gerade wie die Lotosblume vor der Sonne Pracht, sind tages=
scheue Leute, tagen also auch nicht. Der Wanderer antwortet darauf,
daß dies die Nibelungen seien und das Orchester hat die Gelegenheit
das Nibelungenmotiv aus dem „Rheingold" noch einmal erklingen zu lassen.

Mime freut sich, daß der Wanderer so viel von der Erde „Nabel=
nest" weiß und stellt nun die zweite Frage. Man darf hoffen, daß er
sich diesmal etwas praktischer bekunden werde. Gott bewahre! Er fragt
nur: „Welches Geschlecht ruht auf der Erde- Rücken?" worauf der
Wanderer versetzt: „Das Riesengeschlecht." Und wieder hören wir das
schwere tappende Motiv, das den Eintritt der Riesen in der „Walküre"
illustrirt. Mime ist ob dieser Kenntnisse sehr erstaunt; er ist wie
Wagner sagt, „ganz in Träumen entrückt."

In dieser Stimmung stellt er die dritte Frage: „Welches Geschlecht
wohnt auf wolkigen Höhen?" Wenn wir das Orchester hören, welches
das Göttermotiv anstimmt, so brauchen wir die überraschende Antwort
des Wanderers gar nicht mehr zu vernehmen. Dieses Frage= und Ant=
wortspiel ist von einer Kindlichkeit, über die man lächeln könnte, wenn
die Sache nicht gar so viel Zeit wegnähme. Ich würde es als einen
hohen Gewinn bezeichnen, wenn diese ganze langweilige Scene einfach
beseitigt würde.

Sehr geistreich und wirksam ist in dem vorhergehenden Duett
zwischen Mime und Siegfried die Zertheilung des Liedes: „Als zullendes
Kind zog ich dich auf." Mime, der sich auf seine Erziehung Siegfrieds
sehr viel einbildet, hat sich, da der Knabe selbst ihm wenig Dank dafür
weiß, zu seiner eigenen Genugthuung ein Liedchen gemacht, in dem er

seine treue Sorgfalt als Siegfrieds Pfleger und Beschützer preist. Mit diesem Atteste seiner guten väterlichen Führung macht er uns gleich bekannt, und im Gespräch mit Siegfried kehren nun auf die Fragen des Jünglings nach Vater und Mutter die Belobigungen, die er sich zu= nächst im Gesammten gespendet hat, im Einzelnen wieder, gekreuzt von den ungeduldigen Fragen Siegfrieds und von Mimes eigenen Reflexionen. Das ist ein wirklich komischer Bühneneffect, den Wagner auch musikalisch mit jenem unglaublichen Geschicke, das ihm innewohnt, durchgeführt hat.

Die große Scene, welche den ersten Act schließt, wähend Siegfried die zerbrochenen Stücke des Schwertes Nothung — le sabre de mon père — das einst Siegmund getragen, zerfeilt, im Schmelztiegel schmilzt, in Stangenform gießt und hämmert, gehört zu dem Bedeutenden und Gelungenen, was Wagner geschaffen hat. Es ist ein symphonisches Bild, wie man es sich nicht kräftiger und mächtiger denken kann. Was Wagner hier mit dem Orchester anfängt und erreicht, ist un= beschreiblich. Ob er nun für das Hereinbrechen der grellen und blendenden Sonne in die Hütte des sonnenscheuen Zwerges, und für die Angst, die sich Mimes dabei bemächtigt, oder ob er für die Einzelheiten der mechanischen Vorkehrungen beim Schwertfegen den orchestralen Ausdruck anwendet, — für Aeußerliches und Innerliches, für Stimmung und Handlung, für Alles weiß er den charakteristischen, eigenthümlichsten Klang zu finden, noch nie Gehörtes, unwiderstehlich Packendes. In Wahrheit ist hier das Orchester der alleinige Vollstrecker der Handlung, der wirkliche Held. Das Orchester zieht den keuchenden Blasebalg und läßt die Funken auf dem Herde stieben. Es schmilzt und gießt und schweißt und hämmert und feilt — es macht Alles. In einer weniger genialen Durchführung wäre es Kinderei; so wie Wagner es macht, ist es großartig, ist es wunderschön! Die Schmiede=Scene ist von einer Echtheit, die bewundernswürdig ist.

Nicht minder bedeutsam ist das Orchester in dem poetischen zweiten Act. Durch den ganzen langen Act geht ein Rauschen, ein un= bestimmtes Summen und Wehen, das ganz seltsam ergreift. Es ist wirklich Luft, Licht und Sonnenschein. Ein Eichendorff'sches Lied im größten Maßstabe. Man hört die Blätter flüstern und die Vögel singen, ja man sieht die Sonne durch das Gesträuch flimmern. Wie schade, daß auf diesem wundervollen Gesammtuntergrunde so unschöne, läppische, unkünstlerische Fratzen, wie dieser Lindwurm gewälzt werden! Nun haben wir ihn also auch gesehen, diesen berühmten aus England verschriebenen Drachen, dessen Kopf Wagner und seinen hiesigen Freunden einige schlaflose Nächte bereitet hat. Vor etwa acht Tagen bildete die Frage, ob der Kopf des Lindwurms rechtzeitig eintreffen würde, den Gegenstand aller Unterhaltungen! Wir haben ihn also gesehen! Der Kopf ist rechtzeitig angekommen! Wotan sei gepriesen! Es ist ein großes Ungethüm, das mit dem Lindwurm, wie wir Deutsche uns ihn vorstellen, nicht die entfernteste Aehnlichkeit hat, ohne Flügel, ein Mittelding zwischen Eidechse und Stachelschwein, mit Haarbüscheln — ein häßliches, großes Thier, das die Augen verdrehen, das Maul aufsperren und mit dem Schwanze schlagen kann. Sobald es auf die Bühne geschoben wird, nimmt es wegen seines großen Formates und wegen seiner Ungewöhnlichkeit die volle Aufmerksamkeit allein in Pacht. Man hört nicht mehr auf die Musik, man hört nicht mehr auf den Gesang, man sieht sich seinen Lindwurm an. Derjenige, der mit reinem Gewissen die Versicherung geben kann, daß er während der ganzen Lindwurm=scene auch nur momentan an der Dichtung und der Musik Interesse ge=nommen; der zu behaupten vermag, daß er während dieser Scene etwas Anderes empfunden habe als frivole Neugier, der trete hervor und wage es, den 1500 Zuschauern gegenüber den Muth zu haben, eine ganz unglaubwürdige Versicherng laut auszusprechen. Man denkt nicht mehr an das Kunstwerk, man fragt sich ob der Lindwurm wohl noch weiter vorgeschoben werden wird, ob er sich emporstrecken, ob er mit dem Schwanze nicht blos nach links sondern auch nach rechts schlagen, ob er um=fallen kann, wie ihn Siegfried treffen und wie sich das Thier dabei benehmen wird, wenn es den tödtlichen Streich empfängt. Das sind die Fragen die den Unbefangenen bekümmern, nichts Anderes! Wagner, dem es doch sonst nicht an dem genügenden Selbstbewußtsein fehlt, läßt hier eine Bescheidenheit hervortreten, die ganz erstaunlich ist. Man sollte es nicht glauben, daß ein großer Künstler wie er, sich dazu hergiebt, zu einer Sehenswürdigkeit, die auf den Jahrmarkt taugt, Musik zu machen. In die Coulisse mit dem Lindwurm! Der Kampf mit dem Drachen ist auf der Bühne kindisch und verwerflich.

In Bezug auf den dritten Act begebe ich mich des Urtheils. Ich war schon so ermattet, daß ich bei dem ersten Zwiegespräch zwischen dem Wanderer und Erda kaum noch zuzuhören vermochte. Mögen sich die gelehrten Freunde musikalischer Logogryphe daran erfreuen, die hier und da auftauchenden Motive zu sammeln und zu einem logischen Satz zu= sammenstellen; wir Unerfahrene haben nicht die Fertigkeit dazu und den Geschmack dafür. Die hervorstechenden Schönheiten wie der Ritt Sieg= frieds durch die Lohe, Brünhildes Erwachen und der leidenschaftliche Satz in dem langen Duette zwischen Brünhilde und Siegfried, haben mich noch ergriffen; aber in meiner völligen Abspannung war mir die volle Freude am Kunstwerk nicht mehr gegönnt. Achtzehn große Druck= seiten*) füllt diese eine Scene zwischen Siegfried und Brünhilde! Sie dauert gewiß eine halbe Stunde, vielleicht länger; und man vergesse nicht, daß die dramatische Spannung in dem Augenblick vorüber ist, da Siegfried Brünhilde gegenüber steht, da er auf dem umloderten Fels bis zu ihr, der einsam Schlafenden, gedrungen ist. Da muthet uns Wagner zu, noch dieses endlose Zwiegespräch mit anzuhören. Auf Seite 234 singen Beide schon: „Heil" und erst auf Seite 247 schließt der Vorhang und ihr schwatzhaftes Entzücken. Das ganze Duett ist trotz seiner leidenschaftlich bewegten Musik, von der ich als Laie übrigens nicht begreife, daß auch diese den Wagnerianern gefallen kann, — denn sie nähert sich bisweilen in ganz bedenklicher Weise den Italienern und schlägt von Zeit zu Zeit den Wagnerschen Prinzipien gradezu in's Gesicht — das ganze Duett ist an dieser Stelle so undramatisch wie nur möglich.

Aber trotzdem war der gestrige Tag der eigentliche Sieg Richard Wagners. Mag man über die von Wagner vertretene Kunstrichtung selbst denken, was man wolle; ein Jeder, der gestern das Festspielhaus verlassen, hat die tiefe Ueberzeugung mitgenommen, daß ihm hier das großartige Werk eines großartigen Künstlers geboten wird.

Bei den textlichen Verschrobenheiten will ich mich nicht lange auf= halten. Es ist kein Vergnügen, bei dem Unverständlichen und Un=

---

*) Gesammelte Schriften und Dichtungen Richard Wagners, Leipzig 1862, Band 6, Seite 230—247.

schönen lange zu verweilen. Und was soll das heißen, wenn Mime dem Siegfried Speise und Trank bietet mit den Worten:

> „Vom Spieße bring ich den Braten,
> versuchtest Du gerne den Sud?
> Für Dich sott ich ihn gar."

und Siegfried darauf antwortet:

> „Braten briet ich mir selbst.
> Deinen Sudel sauf allein?"

Es ließe sich eine hübsche Blumenlese veranstalten, z. B.:

> „Flickst Du mit Flausen den festen Stahl."
> „Wie führ ich den Huien zu Fafner's Nest?"
> „Lungern laß ich den Lauf."
> „Verfluchtes Licht, das flackert und lackert."
> „Mit Bappe back ich kein Schwert!"
> „Eine zierliche Fresse zeigst Du mir da:
> lachende Zähne im Leckermaul."
> „Göttliche Ruhe rast mir in Wogen" u. s. w.

Auf das alles habe ich nur mit dem Zwerg Mime zu antworten:

> „Gräulichen Unsinn kramst Du da aus."

oder mit Alberich zu sagen:

> „Wie dunkel sprichst Du, was ich deutlich doch weiß."

Ganz vortrefflich war die Schmiede auf der Bühne hergerichtet. Es war jedenfalls die beste scenische Leistung, die uns die Regie gebracht hat; auch der feuerrothe Vorhang, hinter dem der Dampf aufsteigt, veranschaulichte in malerisch wirksamer Weise die lobernde Lohe. Neben diesem Gelungenen ist aber auch vieles durchaus Mißlungenes zu verzeichnen. Ganz abscheulich ist das Spiel mit den elektrischen Lichtern. Sobald sich der Wanderer blicken läßt, wird er sofort blau oder roth oder gelb umflimmert. Das unverhältnißmäßig starke und intensive Licht, das auf ihn fällt, frißt alle Farben der Umgebung weg und zerstört dadurch, daß in der hellen Beleuchtung die äußeren Hilfsmittel grob hervortreten, die Täuschung in empfindlicher Weise. Anstatt des Baumes sieht man die gemalte Leinwand und anstatt des Himmels ein gezogenes Segeltuch. Außerdem erinnert es an die wohlfeilen Scherze der Feerien, daß das Licht den unglückseligen Wanderer auf

Schritt und Tritt verfolgt, während es Alles andere unberücksichtigt läßt. „Er geht mit seiner Laterne und seine Laterne mit ihm."

Döpler, Vater und Sohn, haben mit dem Zeichnen der Costüme und Requisiten bis jetzt den Vogel abgeschossen. In der Anerkennung der vorzüglichen Leistungen dieser beiden Künstler sind alle diejenigen, die etwas von der Sache verstehen, einig.

Dieses war der dritte Streich
Und der letzte folgt sogleich.

V.

Götterdämmerung. Wagners Rede. Schlußbemerkung.

Bayreuth, 19. August 1876.

> „Gott gab uns nur einen Mund,
> Weil zwei Mäuler ungesund;
> Mit dem einen Maule schon
> Schwatzt zu viel der Erdensohn."

Diese Heine'schen Verse wollen mir seit gestern gar nicht mehr aus dem Sinn.

Durch Anschlag an den Wänden des Bühnenfestspielhauses und durch Vertheilung unter die Gäste hatte eine Mittheilung Richard Wagners die allgemeinste Verbreitung gefunden, worin er erklärte, daß weder er, der Autor, noch die Darsteller dem Hervorruf auf der Bühne folgen würden, um „sich vor den Augen des Publikums einzig in dem Rahmen des von ihnen vorgeführten Kunstwerkes eingeschlossen zu wissen." In Folge dessen erschien denn consequenter Weise Richard Wagner nach dem Schluß der „Götterdämmerung" vor dem Rahmen des Kunstwerkes und hielt eine kurze Ansprache.

Die holde Gabe der Beredsamkeit ist Wagner von den Musen versagt; jedesmal, wenn er den Mund aufthut, geschieht irgend ein Unglück. In den meisten Fällen beschränkt er sich darauf, einige der Hauptfactoren seiner Erfolge zu beleidigen: die Künstler, die Regie, die Presse oder sonst etwas. Die unangenehmen Erfahrungen, die er in dieser Beziehung vor Kurzem in Wien gemacht hatte, haben ihn nicht gewitzigt, und die größeren Verhältnisse des Kunstereignisses, an dessen Abschluß wir angelangt sind, haben ihn nun dazu veranlaßt, auch den Beleidigungen größere Dimensionen zu geben. Diesmal hat so ziemlich das All daran glauben müssen. Wagner sagte: „Sie haben

jetzt gesehen, was wir können; wollen Sie jetzt! — Und wenn Sie
wollen, werden wir eine Kunst haben."

Sprach's, verneigte sich und verschwand.

Als im Jahre 1862 Wagner seine Nibelungendichtung herausgab,
als er noch keine Möglichkeit sah, dies Werk in einer seinen künstlerischen
Absichten entsprechenden Weise dem Publikum zu übermitteln, da war
es natürlich, daß der Verdruß und die Mißstimmuug den sich verkannt
fühlenden Künstler ungerecht machten gegen die Allgemeinheit, da
konnte man es dem fast Entmuthigten kaum verübeln wenn er un=
willig schrieb: „Bedenke ich, wie kleinlich die Deutschen gewöhnlich
in solchen Dingen verfahren," (unter „solchen Dingen" versteht Wagner
die Aufbringung der für die Darstellung der Nibelungen erforderlichen
Geldmittel) — „so habe ich nicht den Muth, mir von einem hierfür
zu erlassenden Aufruf Erfolg zu versprechen."

Damals konnte er zweifeln. Aber jetzt, da seine kühnsten Hoff=
nungen überflügelt sind, — an diesem Tage, in dieser Stunde, da
sein idealer Künstlertraum als vollbrachte Wirklichkeit hinter ihm lag,
da ihn die tiefste Rührung befallen mußte, wenn er gedachte der Auf=
opferung, der Uneigennützigkeit, der Ergebenheit, die ihm von seinen
Künstlern und den Freunden seiner Kunst in verschwenderischer Weise
dargebracht worden ist, — in dieser Stunde, da aus allen Theilen
Deutschlands und des Auslands mit Opfern an Zeit, an Geld, an
Bequemlichkeit, an Ruhe, an Erholung die Tausende sich hier in dem
entlegenen Städtchen zusammenfanden auf sein Gebot — in dieser
Stunde war das einzige Wort, das einem übervollen Künstlerherzen
entströmen und sich gewaltsam über die Lippen drängen mußte, das
Wort des innigen, tiefen, unsagbaren Dankes, des Dankes an die
Künstler, des Dankes an die treuen Freunde, die ihn rastlos unterstützt,
des Dankes an das Publikum, das seinem Aufruf gefolgt war. Sein
erstes und letztes Gefühl durfte nur Preis und Dank sein — nichts
Anderes! Dank für die unvergleichlich große Genugthuung, die dem
Künstler, der auf die höchste Höhe seines Ideals emporgehoben ist, das
Herz durch und durch zum Ueberströmen erfüllen muß.

Wie ein Sturzbad wirkten auf uns Alle seine kalten Worte ohne
Erregung, ohne Freude. Was! Es ist noch immer nicht genug für

Wagner geschehen? Es bedarf noch jetzt der Aufforderung? Was bis jetzt geschehen ist, ist nur ein Vorbote dessen, was Wagner begehrt? Jetzt ist es erst an uns, „zu wollen," d. h. zu sollen? Wir sitzen da und warten auf eine Quittung, und er präsentirt uns einen fälligen Wechsel? Sonderbar, höchst sonderbar! Und wenn wir wollen, was dann? Dann haben wir — eine Kunst!

Was haben wir denn bis jetzt gehabt? Waren alle idealen Hervorbringungen der größten Geister eitel Pfuscherei und nichtiger Tand? Ist es denn nicht genug mit der Zukunft, die ihr in Pacht genommen habt und die wir euch einstweilen gönnen wollen? Ist es nicht genug mit der Gegenwart, in der ihr — wenigstens in unserem Vaterlande — in die vordersten Reihen vorgedrungen seid, und die auch euch da, wo sie opponirt, immer mit dem Respect entgegenkommt, der dem Genius gebührt, — wollt ihr uns auch noch die Vergangenheit wegescamotiren?

Heißt es in eurem Künstlerkatechismus: Wagner war von Anbeginn ist und wird sein in alle Ewigkeiten?

> „Pas si loin! pas si haut! Redescendons! restons
> L'homme! restons Adam!"

Also vorgestern Abend zwischen 10 und 11 Uhr wurde das deutsche Volk von der Kunst entbunden. Die Mutter befindet sich wohl, der Vater noch wohler. Wer von den Festbesuchern hätte sich wohl träumen lassen, daß er zu den Freuden eines Wochenbettes nach Bayreuth gekommen wäre!

Die Wirkung der Wagner'schen Ansprache war eine niederschlagende. Die ergebensten Freunde wurden kopfscheu und bestürzt; den Gegnern war zu leichtes Spiel bereitet. Wagner sah ein, daß er irgend etwas thun müsse, um den ungünstigen Eindruck, soweit es eben möglich wäre, noch zu verwischen. Bei dem gestrigen Festbankett, zu dem — risum teneatis amici — die Restaurateure des Wagner=Theaters die officielle Einladung erlassen hatten, versuchte Wagner die Mohrenwäsche. Er führte aus, daß wenn er „A" gesagt habe, so habe er offenbar nicht „A" gemeint, sondern selbstverständlich etwas ganz Anderes. Wenn er gesagt habe, „dann haben Sie eine Kunst". so habe er damit nicht gemeint, daß wir dann eine Kunst haben sollen. Die Kunst sei ja so zu sagen doch schon gewissermaßen vorhanden gewesen; es habe ja auch vor ihm so zu sagen schon einige Künstler gegeben; aber eine neue Kunst werde erstehen, wenn dies und das geschehe.

„Ein Kaiserwort soll man nicht drehn, noch deuteln", sagt Bürger: und unglücklicher Weise gehört die Wagner'sche Ansprache gerade zu dem Wenigen, was sich bei ihm nicht mißverstehen läßt. Von einem Ver= sprechen kann gar nicht die Rede sein. Er nimmt einen großen An= lauf, um das zu sagen, was ihm zu sagen ein Bedürfniß ist. Der Ausdruck ist vielleicht nicht überlegt, aber der Gedanke ist ein wohl überlegter. Das ist's in Wahrheit, was sie glauben, Wagner und seine Getreuen, das ist's, womit sie sich erfüllen. Thun sie den Mund auf, so strömt es über und sie sagen: „Wir bringen euch jetzt die Kunst."

Es mußte so sein. Das großartigste, aber auch anspruchvollste künstlerische Unternehmen unserer Tage mußte mit einem Worte von großartigster Prätension schließen.

Versuchen wir einstweilen die Objectivität uns zu bewahren, um unsern Bericht über den Eindruck der Aufführungen zu schließen.

Die „Götterdämmerung" ist unbedingt nothwendig, um das Wagner'sche Kunstwerk abzuschließen; für denjenigen aber, der sich nur eine klare Vorstellung vom Streben und Vermögen Richard Wagners bilden will, ist sie nicht mehr erforderlich. Denn wer nach den drei vorhergegangenen Abenden noch nicht weiß, was Wagner will und was er kann, der wird es auch aus der „Götterdämmerung" nicht erfahren. Wer sich aber aus den vorhergegangenen Werken sein Urtheil schon gebildet hat, wird dasselbe durch das letzte Drama lediglich bestätigt finden. Ein neuer Gesichtspunkt wird ihm nicht eröffnet.

Keiner der lebenden Componisten vermag uns so im Innersten zu packen und so zu entzücken wie Wagner, aber auch keiner uns so furchtbar abzumartern und zu langweilen wie er. Wer da leugnen wollte, daß im dritten Acte der „Götterdämmerung" der Gesang der drei Rheinmädchen zu dem Lieblichsten und Siegfrieds Tod zu dem Er= greifendsten gehöre, was die musikalisch=dramatische Kunst überhaupt hervorgebracht hat, der wäre ungerecht oder unempfänglich. Aber „weh' Dir, der Du ein Enkel bist", wenn „Dir Spätgeborenem, das Ver=

ſtändniß alles deſſen aufgehen ſoll, was uns als die „neue Kunſt“
geprieſen wird! wenn Du urkräftiges Behagen fühlen ſollteſt an all
dem Reflectiren, Meditiren, Combiniren, Compliciren und Raffiniren!
Denn dann müßteſt Du zunächſt damit anfangen, alles das zu ver=
geſſen, was uns glücklicheren Vorfahren als ſchlichte, freundliche Kunſt
das Herz erfreut hat.

In der „Götterdämmerung“ iſt, wie in den vorhergehenden Dramen,
beinahe Alles zu lang.

Nach der ſtimmungsvollen, aber leider zu langen Eröffnung der
Handlung durch die drei Normen kommt zu Ende des Vorſpiels der
einzige lichte und erfreuliche Moment der überlangen, mehr denn zwei
Stunden währenden erſten Abtheilung: Siegfried’s Abſchied von
Brünhild, mit einer herrlichen ehrlichen Melodie. Die verſchiedenen
Leitmotive rieſeln wie kleine Bäche hier zuſammen und ſchwellen zu
einem melodiſchen Strome an, der in fröhlichem Ungeſtüm dahinrauſcht —
es iſt eine wahre Luſt!

Ein ſehr ſchönes Zwiſchenſpiel führt uns zum erſten Aufzug hinüber.
Leider iſt dies Zwiſchenſpiel zu lang. Wir erblicken die Halle der
Gibichungen am Rhein, wo wir Gunther, Hagen und Gutrune in
ihrem nicht übermäßig intereſſanten Geſpräche zu belauſchen die Ge=
legenheit haben Leider iſt dies Zwiegeſpräch zu lang. Siegfried naht;
ihm wird von Gutrune der Trank des Vergeſſens gereicht, der Brün=
hild’s Erinnerung aus ſeiner Seele tilgt. Brünhilde kann er ver=
geſſen, aber leider nicht das einzige Lied, das er auf dem Horn gelernt
hat, und das jedesmal erklingt, wenn er perſönlich oder geiſtig der
Handlung naht. Eine vielſeitig muſikaliſche Bildung läßt ſich dem
ſtarken Helden nicht nachrühmen; er kennt eben nur ſein Lied, wie der
alte Deſſauer ſeinen Marſch.

Siegfried wirbt um Gutrune, und um ihre Hand zu gewinnen,
macht er ſich anheiſchig, Brünhilde vom Felſen herunterzuholen und
Gunther als Weib zu überlaſſen. Die Werbung und die ſie begleitenden
Umſtände ſind leider zu lang. Die Scene wechſelt, wir ſehen wieder
den einſamen Felſen vor uns, auf dem Brünhilde des Geliebten harrt.
Wiederum erklingt das Hornmotiv:

„Alt gewohntes Geräuſch raunt mir die Ferne.“

Man merkt, daß Siegfried unterwegs ist. Vor ihm aber erscheint Wahltraute uud berichtet über die Vorgänge in Walhalla. Leider zu lange. Als die Walküre verschwunden und Siegfried, der die Tarn= kappe übergeworfen, in der Gestalt Gunthers erscheint, sind wir bereits so vollkommen abgemattet, daß uns sogar die Kraft der so beliebten sittlichen Entrüstung fehlt. Siegfried und Brünhilde raufen sich; im Raufen „ist er ihr über," wie Fritz Reuter sagt, und anstatt wenigstens schweigsam den Siegespreis sich anzueignen, erspart Siegfried dem un= glücklichen Weibe nicht einmal die Demüthigung, ihre Entehrung programmmäßig vorher zu statuiren. „Jetzt bist Du mein, gönne mir nun Dein Gemach." Brünhilde zieht sich zitternd zurück, Siegfried folgt ihr, legt aber das Schwert zwischen sie und sich. In diesem Falle wäre es wohl einfacher, er folgte ihr überhaupt nicht. Die Herumbalgerei ist widerwärtig.

Völlig ermattet wird man in der ersten Scene des zweiten Auf= zuges, die leider zu lang ist. Siegfried berichtet Gutrune, wie er um Brünhilde geworben.

Es gehört zu den berechtigten Eigenthümlichkeiten Wagners, daß er uns Alles mehrfach erzählt. Gewöhnlich vernehmen wir zunächst das Programm, das ausgeführt werden soll, dann sehen wir die Ausführung in der Handlung und später hören wir den Bericht über das Ausge= führte. Die Deutlichkeit gewinnt dadurch, nicht aber das Interesse, welches das Kunstwerk einflößt. So haben wir aus der Unterhaltung zwischen Mime und Siegfried erfahren, daß Siegfried den Wurm tödten wird, wir sehen dann, wie der Wurm getödtet wird; wir ver= nehmen später aus dem Munde Hagens, daß Siegfried den Wurm getödtet hat und hören endlich noch seinen eigenen Bericht darüber. So wird uns ferner mitgetheilt, daß Siegfried ausziehen wird, um Brünhilde für Gunther zu freien; wir sehen, wie er sie allerdings freit, und wir hören dann, daß er sie wahrhaftig gefreit habe, ohne sie in der That zu freien. Man kann sich denken, daß Gutrune doch etwas beunruhigt ist; sie theilt eben die Empfindungen des Publikums am Schluß des ersten Actes. Sie wünscht daher ganz genau zu erfahren wie die Sache verlaufen ist. Man verzeihe der zärtlichen Braut die Frage:

„So zwangſt Du das kühne Weib?

Siegfried: Sie wich — Gunthers Kraft.

Gutrune: Und vermählte ſie ſich Dir?

Siegfried: Ihrem Mann gehorchte Brünhild'.
eine volle bräutliche Nacht,

Gutrune: Als ihr Mann doch galteſt Du?

Siegfried: Bei Gutrune weilte Siegfried,

Gutrune: Doch zur Seite war ihm Brünhild.

Siegfried: (auf ſein Schwert deutend):
Zwiſchen Oſt und Weſt der Nord:
So nah — war Brünhild ihm fern.

Das ſoll heißen, daß zwiſchen ihm und Brünhilde Nothung die
Annäherung vereitelt hat. Bei dem ſonderbaren Ausdrucke will ich gar
nicht länger verweilen, denn ſonſt fände ich kein Ende. Hagen ruft
nun die Mannen zuſammen, um Gunther zu empfangen, der ein „freis=
liches Weib" heimführt. Ich weiß wieder nicht, was das bedeuten ſoll;
aber es iſt gewiß ein ſehr ſchönes deutſches Wort.

Zum erſten Male nach zwanzig muſikerfüllten Stunden hören wir
einen Männerchor! Das Herz geht Einem auf. Jetzt erſt merkt
man, was man entbehrt hat. Der Chor der Mannen iſt ſehr charak=
teriſtiſch und die ganze Scene iſt dramatiſch belebt. Leider iſt ſie zu
lang. Brünhilde erkennt Siegfried, der ſich ihrer gar nicht mehr erinnert.
Brünhilde kann es nicht faſſen, ihre Sinne ſchwinden — als ſie plötzlich
ihren Ring, den ihr Siegfried in Gunthers Geſtalt auf dem Felſen
abgerungen hat, an ſeinem Finger erkennt. Jetzt lodert ſie auf. Jetzt
iſt ſie ihrer Sache ſicher, jetzt weiß ſie, daß ſie das Opfer des
ſchmählichſten Verrathes geworden iſt und in vollkommen richtiger
Logik wendet ſie ſich zunächſt an ihren Gebieter, an Gunther, und
frägt ihn, wie ſich die Sache verhält.

Gunther ſchweigt „in höchſter Betroffenheit." Der Unglückliche
kommt aus den falſchen Situationen gar nicht heraus und iſt immer
genöthigt, ſich „das Geſicht zu verhüllen," ſich „in höchſter Betroffenheit
abzuwenden" oder „in höchſter Betroffenheit zu ſchweigen." Siegfried
wird von Brünhilde beſchuldigt, ihr Luſt und Liebe abgezwungen zu haben.

Dagegen behauptet wiederum Siegfried:

„Nothung, mein werthes Schwert,
wahrte der Treue Eid;
mich trennte seine Schärfe
von diesem traurigen Weib."

Brünhilde dagegen verharrt bei ihrer Versicherung, daß Nothung während der bedeutungsvollen Stunden „wonnig an der Wand" geruht habe. Die Discussion ist höchst unerquicklich; sie hat eine sehr peinliche Aehnlichkeit mit einem jüngst vor den Wiener Geschworenen verhandelten Processe. Schließlich kommt es zum Aeußersten und Siegfried schwört stramm seinen Eid. Brünhilde schwört eben so tapfer den ihrigen, und wir wissen immer noch nicht, wie die Sache eigentlich verlaufen ist. Siegfried fordert schließlich die Mannen auf, das „Weibergekeif" zu lassen, denn „der Frauen Groll friedet sich bald," und ihm zur Hoch= zeit zu folgen. Brünhilde und Hagen bleiben zurück.

Gunther liegt wiederum mit verhülltem Gesicht „in höchster Be= troffenheit" irgendwo in einer Ecke herum.

Währenddem unterhalten sich Brünhilde und Hagen und wir er fahren aus dem Gespräche, welches leider zu lang ist, daß Siegfried im Rücken verwundbar ist. Gunther erhebt sich und sagt in einer An= wandlung von Selbsterkenntniß: „Weh mir, dem jammervollsten Manne!" Brünhilde schüttelt das Maß ihrer Verachtung über den Unseligen aus und die drei vereinigen sich schließlich in dem Beschlusse, Siegfried zu tödten.

Diese ersten zwei Aufzüge sind trotz der ungewöhnlich wirksamen und ergreifenden Momente von einer unerträglichen Länge. Es ist kein stilistischer Scherz, wenn ich mit einer gewissen Consequenz bei jeder Einzelheit über die Länge Beschwerde erhoben habe. Was Wagner uns hier zumuthet, übersteigt Alles. Es ist ein wahres Wunder, daß die großartigen Schönheiten des letzten Actes den bis zum Tode er= matteten Zuhörer aus seiner Lethargie heraus zu reißen vermögen.

Aber das Wunderbare geschieht; gleich der entzückende Gesang der drei Rheinmädchen zu Beginn des letzten Actes fächelt uns Kühlung und Erfrischung zu; wir kommen wieder zur Genußfähigkeit. Das Gespräch zwischen Siegfried und den Rheinmädchen und die Jagdscene sind zwar wiederum nicht sehr erheiternd; aber was nun folgt ist so gewaltig, daß der Unwille, der sich hier wieder regt, wie weggeweht wird.

Siegfrieds Tod ist ein musikalisch = dramatisches Bild in groß= artigstem Stile, großartig in der Conception und eben so großartig in der Durchführung. So stirbt ein Held, so wird um einen Helden geklagt, so wird ein Held bestattet. Hätte Wagner nichts Anderes ge= schaffen, als dieses eine gewaltige Bild — schon dadurch allein würde er die Berechtigung gewinnen, sich den großen Künstlern aller Zeiten beizugesellen. Das ergreifendste Ereigniß unserer Heldensage hat hier in der Tonkunst einen würdigen Helden zu seiner Verherrlichung und Verewigung gefunden.

Von den darstellenden Künstlern habe ich absichtlich nicht ein= gehend gesprochen, weil dies füglich Sache des Musikreferenten ist; aber ich kann den Bericht nicht schließen, ohne der Darstellerin der Brünhilde, Frau Friedrich=Materna, wenigstens mit einem Wort zu gedenken. Was sie in der Tetralogie geleistet hat, ist geradezu phänomenal. Man staunt über den künstlerischen Muth, mit dem sie an ihre Aufgabe herantritt, mit dem sie dieselbe löst; es ist eine Unerschrockenheit, die nahezu an Tollkühnheit grenzt, und wie sie nur die reinste künstlerische Begeisterung zu geben vermag. Tapfer geht sie weiter und weiter bis zum Schluß, und wenn man sich sagt: nach menschlicher Berechnung müssen jetzt die Kräfte versagen, — dann richtet sie sich auf und packt erst recht den Stier bei den Hörnern! Und immer erklingt frei und ungetrübt ihre herrliche Stimme, und nicht die Spur von Ermattung zeigt sich.

Ein abschließendes Urtheil über die Gesammtheit zu fällen, halte ich mich — selbst wenn ich innerhalb der bescheidenen Grenzen einer persönlichen Meinungsäußerung verbleibe — in diesem Augenblicke für nicht befähigt. Es schwimmt und flimmert mir vor den Augen, es summt und braust mir noch in den Ohren; es kostet mich Mühe genug, mein Versprechen einzulösen und Ihnen ungefähr zu sagen, wie das Einzelne auf mich gewirkt hat. Wenn ich in mein verwirrtes und wirres Gehirn einige Klarheit zu bringen suche und mir die Sache überlege, so will es mich fast bedünken, als ob ich einen Gesammt= eindruck von dem ganzen Werke überhaupt nicht empfangen, sondern als ob nur jedes einzelne Werk seine besondere Wirkung auf mich geübt habe.

Ueber die musikalische und dramatische Dichtung läßt sich noch sehr viel sagen, was ich entweder gar nicht oder nur ganz flüchtig habe berühren können. Ein Jurist machte mich gestern darauf aufmerksam, daß die Dichtung so ziemlich gegen alle Gebote unseres Strafgesetzes verstoße.

„Der Nibelungen-Ring vom juristischen Standpunkte aus" — daran hatte ich wirklich noch nicht gedacht! Aber der Mann hat Recht: Von der gelinden Ueberschreitung gegen das Polizeigesetz bis zum schweren Verbrechen — „der Ring der Nibelungen" faßt Alles in sich! Man könnte gleich mit dem Baden am unerlaubten Orte (Rheingold erste Scene) beginnen und über die groben Injurien (zwischen Alberich und dem Rheinmädchen) zu dem Raube (des Goldes) übergehen. In der „Walküre" bietet sich uns der interessante Fall des Ehebruchs in idealer Concurrenz mit der Blutschande (Siegmund und Sieglinde). Ferner Zweikampf ohne Zuziehung von Zeugen (Siegmund und Hunding). In „Siegfried" haben wir Thierquälerei (die Hatz des Bären auf Mime), Wilddieberei (Tödtung des Lindwurms ohne Jagd= schein), Mord und Todtschlag (Mime durch Siegfried), Concubinat (Brünhilde und Siegfried); in der „Götterdämmerung" (Ehebruch in idealer Concurrenz mit Bigamie (Siegfried, Gutrune und Brünhilde), Meineid (Siegfrieds oder Brünhildens), unbefugte Ausübung der ärzt= lichen Praxis (durch Gutrune) und Verkauf von Geheimmitteln (Trank des Vergessens), Mord (Siegfried durch Hagen), Verbrennung von Thierleichen in der Nähe bewohnter Gebäude (Grane) und Brand= stiftung (die Halle der Gibichungen durch Brünhilde). Das läßt sich natürlich noch weiter ausführen, mag sich ein Jurist daran ergötzen.

Unter den verschiedenen Charakteren, die Wagner uns vorführt steht Brünhilde als der gelungenste obenan; Siegmund und Sieglinde sind markig schön, die Riesen und die Zwerge sind sehr charakteristisch, unter den ersteren namentlich Fafner, von den letzteren namentlich Mime. Die Götter sind sammt und sonders von einer erschrecklichen Langweiligkeit, mit einziger Ausnahme von Loge. Am ungünstigsten ist der oberste der Götter, Wotan, bedacht. Da lobe ich mir doch den gemüthlichen Papa Jupiter aus dem „Orpheus!" Neben dem traurigen Gott im „Nibelungenringe" der traurige Mensch. Der jammervolle Gunther! Gutrune ist farblos, Hagen zu stark gefärbt.

> Der Vorhang fällt, das Lied ist aus,
> Die Herrn und Damen gehn nach Haus.
> Fragt ihr nun, ob das Stück gefallen?
> Ich glaub, ich hörte Beifall schallen.

An schallendem Beifall hat es nicht gefehlt, denn an Beifallswürdigem ist ja kein Mangel. Und wie sollte der Beifall ausgeblieben sein bei einem Publikum, daß zum größten Theil aus den entschiedensten An= hängern Richard Wagners besteht, und zum geringeren Theile aus einer feingebildeten Opposition, die sich selbstverständlich jedes Zeichens des Mißfallens enthalten hat.

Eine ganz andere Frage ist es, ob der Erfolg ein weittragender sein wird. Hierauf kann allein die Zeit, die die Spreu vom Weizen und das Gekünstelte und Gemachte allein vom Echten und Wahren unter= scheidet, die Antwort geben. Die „neue Kunst", von der Wagner spricht, ist, wie ich glaube, nicht die eigentliche Siegerin; denn das, was am unmittelbarsten und stärksten gewirkt, was den wahren Erfolg er= zielt hat, das ist gerade dasjenige gewesen, das sich dem Vorhandenen am meisten nähert.

Es ist lehrreich und interessant, jetzt nachzulesen, was zu Anfang der dreißiger Jahre in Frankreich beim Eindringen der Romantik in die festgeschlossene Phalanx der Klassiker über den Vorkämpfer der neuen Schule, über Victor Hugo, von seinen Anhängern und von seinen Gegnern gedruckt worden ist. Die Parallele mit der jetzigen Bewegung im musikalischen Deutschland ist eine frappante. Hüben wie drüben dieselbe Exclusivität, dieselbe maßlose Ueberschätzung, und das= selbe schonungslose Vorurtheil. Ueber den Sturm im literarischen Frankreich sind nun nahezu fünfzig Jahre besänftigend hinweggerauscht, all' die hochmüthigen Widersinnigkeiten sind weggeschwemmt, man findet nicht einmal mehr ihre Spur. Was von Victor Hugo übrig geblieben ist, ist immerhin stolz genug; und unsere Zeit, die über denselben schon beinahe ein abschließendes Urtheil fällen darf, räumt ihm unbedingt einen der höchsten Sitze auf dem französischen Parnaß ein. Aber neben ihm sitzen noch andere und einige der so verächtlich behandelten Perrücken wie Molière, sitzen sogar noch über ihm — recht hoch über ihm! Nun, ich kann mich der Muthmaßung nicht entziehen, daß die Zukunft, an deren Verständniß immer appellirt wird, auch Wagner ein weiser und gerechter Richter sein wird. Sie wird ihm die Stelle, die ihm gebührt, nicht vorenthalten. Sie wird ihn emporheben zu den Höhen auf denen die größten Künstler unseres Vaterlandes wandeln, aber sie wird ihn bitten, den Ballast von anspruchsvollem Eigensinn, von störrischen Grillen und langweiliger schwatzhafter Rechthaberei gefälligst abzustreifen. Und dann — dies irae, dies illa! — dann wird ein fröhlicher Be= arbeiter kommen, wird sich ganz gemüthlich über die vier starken Partituren hermachen, wird das Wirksame herausschneiden, das Un= wirksame, das die unverständige Mehrheit unserer Generation gelang= weilt hat, schonungslos bei Seite werfen, die Ausschnitte unter möglichster Wahrung des Originals kurz zusammenschweißen und daraus ein Kunst= werk herstellen, das unserer bisherigen Oper beinahe zum Verwechseln ähnlich sieht.

Und so wird, — um im Stile des Schäfers Thomas meine Prophezeihung zu schließen — so wird Porges schließlich Recht behalten und in Bezug auf die Freiheiten, welche sich die Bearbeiter von Wagners Werken nehmen werden, wird er stehen neben Aeschylos und Shakespeare.

Freund's Druckerei, Breslau.

Abonnements=Schein.

Gefälligst abzuschneiden und deutlich auszufüllen dem nächsten Postamte zu übergeben.

An die

Kaiserliche Post = Amt = Zeitungs = Expedition

in _____

Unterzeichneter bestellt hiermit:

1 Expl. **Schlesische Presse** pro _____ **Quartal 187___** zum Preise von 5 Mk. 75 Pf.

1 Expl. dto. _____ für die zwei letzten Monate im Quartal zum Preise von 3 Mk. 84 Pf.

1 Expl. dto. _____ für den letzten Monat im Quartal zum Preise von 1 Mk. 92 Pf.

Betrag folgt anbei.

(Ort:) _____

_____ den _____ ten _____ 187

(Name:) _____

(Stand:) _____

Nichtgewünschtes bitten zu durchstreichen.

☞ Alle neuen Quartal=Abonnenten erhalten auf Wunsch gegen Einsendung der Postquittung stets die Anfänge der beim Beginn des Abonnements bereits veröffentlichten Erzählungen gratis und franco.

Anfang October 1876 beginnt im Feuilleton der „Schlesischen Presse" der neue Roman von

Karl Gutzkow:

„Die neuen Serapionsbrüder".

Gutzkow's neuer Roman gehört zu den besten, die er geschrieben hat. Er spielt in der Gegenwart und zwar in Berlin, das der Verfasser aber nicht nennt, um mit desto größerem Freimuth und einschneidender Offenheit dem Leben der Großstadt einen getreuen Spiegel vorzuhalten. Zwei Handlungen laufen nebeneinander — die eine führt uns in die höhere Gesellschaft, die andere in das gesunde und emsige Treiben einer modernen Fabrik — doch immer wieder führt die Erzählung zu den Unterhaltungen der „Serapionsbrüder" zurück, einer bunten Reihe von Menschen, die sich am Weintisch über alle zeitbewegenden Fragen in knappen aber schlagenden Bemerkungen geistreich austoben. So kommt in die Erzählung, die überdies durch humoristische Episoden auf's Unterhaltendste belebt wird, eine wohlthuende Mannigfaltigkeit, die gerade den Lesern willkommen sein wird. Spannung und Erholung, Ernst und Laune, erschütternde Conflikte und behagliche Ruhepunkte wechseln angenehm mit einander ab, so daß die Leser der „Schlesischen Presse" eine willkommenere Lektüre nicht wünschen können.

Gratis und Franco erhalten alle neu hinzutretenden Abonnenten am 1. October c. den bis dahin veröffentlichten Theil der neuesten Erzählung:

Masken-Freiheit von E. v. Dincklage.

Expedition der „Schlesischen Presse."

Umseitigen Bestellzettel empfehlen gefälliger Beachtung.